BESTSELLER

ANAMAR ORIHUELA

Transforma las heridas de tu infancia
Rechazo · Abandono · Humillación
Traición · Injusticia

DEBOLS!LLO

El papel utilizado para la impresión de este libro ha sido fabricado a partir de madera procedente de bosques y plantaciones gestionadas con los más altos estándares ambientales, garantizando una explotación de los recursos sostenible con el medio ambiente y beneficiosa para las personas.

Transforma las heridas de tu infancia

Primera edición en Debolsillo: enero, 2019
Primera reimpresión: febrero, 2019
Segunda reimpresión: mayo, 2019
Tercera reimpresión: junio, 2019
Cuarta reimpresión: agosto, 2019
Quinta reimpresión: octubre, 2019
Sexta reimpresión: diciembre, 2019
Séptima reimpresión: julio, 2020
Octava reimpresión: septiembre, 2020
Novena reimpresión: marzo, 2021
Décima reimpresión: junio, 2021
Undécima reimpresión: agosto, 2021
Décima segunda reimpresión: octubre, 2021
Décima tercera reimpresión: enero, 2022
Décima cuarta reimpresión: noviembre, 2021
Décima quinta reimpresión: marzo, 2022
Décima sexta reimpresión: junio, 2022
Décima séptima reimpresión: septiembre, 2022
Décima octava reimpresión: enero, 2023
Décima novena reimpresión: diciembre, 2022
Vigésima reimpresión: abril, 2023
Vigésima primera reimpresión: agosto, 2023
Vigésima segunda reimpresión: noviembre, 2023
Vigésima tercera reimpresión: enero, 2024

D. R. © 2016, Anamar Orihuela

D. R. © 2024, derechos de edición mundiales en lengua castellana:
Penguin Random House Grupo Editorial, S. A. de C. V.
Blvd. Miguel de Cervantes Saavedra núm. 301, 1er piso,
colonia Granada, alcaldía Miguel Hidalgo, C. P. 11520,
Ciudad de México

penguinlibros.com

Diseño de portada: Penguin Random House / Jesús M. Guedea C.
Fotografía de la autora: © Elsa Merino

ISBN: 978-607-317-381-0

Impreso en México – *Printed in Mexico*

ÍNDICE

AGRADECIMIENTOS

Agradezco a mi alma sabía que nunca me ha dejado sola y siento con más claridad cada vez. Es mi alma buscadora, mi vieja alma.

Agradezco la vida que he tenido, todo me ha llevado hasta donde hoy me encuentro y me siento feliz por eso.

Agradezco a las personas que amo por su presencia y amor, gracias a ellas mi fe en el amor se ha reparado completamente.

Gracias a Martha Debayle por darme la oportunidad de llegar a tantos cuentahabientes a través de su programa. Gracias por su generosidad y por encontrarla en esta vida.

Gracias a todos los que comparten conmigo sus dolores y me han permitido aprender y despertar una voluntad de sanar en una amorosa red donde nadie está solo.

Gracias a mi editorial, Penguin Random House, y a Paty Mazón, David, César y Andrea, por darme la oportunidad de publicar éste, mi segundo libro.

PRÓLOGO

Todo está muy oscuro y tengo miedo:
estoy sola, me siento muy sola,
algo se acerca y se aleja, me atemoriza aún más.
Siento asfixia, mi corazón late con fuerza,
todo es muy oscuro y estoy llena de miedo.
Una vez más esto que no distingo se acerca
y entonces mi corazón late más fuerte;
todo tan oscuro y estoy tan sola, nadie me habla,
estoy en un hoyo negro, no sé qué hacer,
sólo tengo miedo, estoy paralizada,
no puedo respirar, moriré de asfixia.
Ya no puedo respirar, siento que me muero.
Un zumbido en mis oídos, puedo respirar,
hay luz, ruidos y mucho movimiento,
mi corazón sigue latiendo,
pero ya puedo respirar,
estoy fuera, ya he nacido.

Crónica de un nacimiento, el mío.
Presente en mis sueños durante los primeros años de mi infancia.
Mi mamá sola en un hospital esperando al anestesista.
Yo nací sin ninguna asistencia.

Todo lo que nuestra madre siente, ve, escucha, dice y piensa durante el embarazo, así como la forma en que llegamos a este mundo, queda impreso en las raíces de nuestra personalidad y es determinante en muchos ámbitos de nuestra vida.

INTRODUCCIÓN

En mayo de 2014 salió a la venta *Hambre de hombre*. Siempre pensé que el primer libro que escribiría sería sobre sanación de las heridas de infancia; sin embargo, la vida me dio la oportunidad de escribir primero aquél. Ahí hablé de las necesidades afectivas en la infancia y la necesidad de la mujer de ser amada, cubriendo las necesidades de la niña herida. Fue un libro dedicado principalmente a las mujeres, aunque los hombres que lo leyeron vivieron experiencias interesantes con él. *Hambre de hombre* me dio enormes satisfacciones: múltiples comentarios, grupos de crecimiento, en fin, se convirtió en referencia obligada de algunos terapeutas que trabajan la codependencia: recomiendan su lectura y sus ejercicios.

Ese primer libro fue muy importante también porque consolidaba la etapa de mi vida en que trabajé varios años esos temas con grupos de mujeres. Me permitió darle forma y estructura a muchas experiencias de trabajo con la codependencia y grupos de mujeres pero, sobre todo, escribirlo consolidó una etapa de crecimiento personal muy importante, un paso de sanación en mi actitud codependiente, una oportunidad de darle forma a todo lo vivido y ponerlo en un archivo interno ordenado y comprendido. Asimismo, fue un empoderamiento y validación de lo que sé y puedo aportar. Escribir *Hambre de hombre* fue de los logros más importantes de mi vida. Me siento muy feliz y agradecida de que hoy, después de dos años, se reimprima y dé herramientas a muchas mujeres que viven en codependencia y relaciones tóxicas, que buscan amor incluso a costa de sí mismas.

Aunque pensé que éste sería mi primer libro, me siento feliz de que sea el segundo porque tuve experiencias fundamentales en mi trabajo como psicoterapeuta, con pacientes y alumnos, que me brindaron más herramientas y conocimiento del tema, pero —una vez más— sobre todo sufrí rompimientos personales muy fuertes, y el encuentro con mi dolor y la sanación de mi propia infancia.

Soy mi propia herramienta de trabajo. Asumir mi experiencia, irme al infierno y regresar en procesos de sanación, me hace una mejor psicoterapeuta y me capacita para acompañar mejor a quienes acuden a mis terapias, cursos y retiros.

Así, después de una etapa de rompimiento y renacimiento personal, nace *Transforma las heridas de la infancia*. Lo escribí mediante una doble gestación: por un lado la de este libro y, por el otro, mientras se gestaba Isabella, mi segunda hija. Ella representa el renacimiento de una *yo* más *yo*, con menos máscara y menos hambre, con más autenticidad. Precisamente, es lo que quise plasmar en este libro que hoy te ofrezco. Un conocimiento que te acompañe a sanar tu infancia, a mirarte con amor, a reconocer las elecciones que hiciste para sobrevivir en la infancia y reconocer también el abandono, y honrar a ese niño que te ayudó a salir adelante.

En este libro también he plasmado el conocimiento que te permitirá mirarte, entenderte, ser paciente contigo y acompañarte en un proceso de transformación del falso *yo*, del *yo* herido que se construyó a partir de la defensa y el dolor, e ir a un *yo* más verdadero, menos acorazado y más auténtico.

Hoy, después de menos capas de armadura y dolor a nivel personal, entiendo qué importante es rescatar

> al verdadero yo que permaneció atrapado en una personalidad herida y en espera de expresarse.

Si no somos capaces de sanar nuestras heridas, ese verdadero yo nunca tendrá la oportunidad de ser y expresarse: nunca podrás conocerte de verdad.

Cuando eliminas corazas, anulas compulsiones por controlar: ser perfecto, evadirte, victimizarte; observas que son sólo máscaras que te permitieron sobrevivir, pero siempre hay una oportunidad de vivir sin el *survivor* (sobreviviente) interno, sino desde el verdadero yo. Eso le da un matiz y un color muy diferente a tu vida y a tus relaciones.

Estamos tan identificados con la máscara que nos protegió del dolor y del sentimiento de vulnerabilidad, tenemos tan pocos espacios para expresarnos y sentirnos seguros, aceptados y amados, que descubrir tu falsa personalidad y dirigirla con amor para eliminar la rigidez, para permear otra energía y aprender a confiar en que tu *yo* adulto puede mandar, es uno de los objetivos de este libro. Así como poner al mando de tu vida al adulto y dirigir al niño herido con paciencia, sabiduría y amor.

Este libro trabaja con la personalidad herida, en él he puesto esquemas y ejemplos para que te sea más fácil mirarte. Para describir la personalidad herida tomé como guía el libro de Lise Bourbeau, *Las 5 heridas que impiden ser uno mismo*, base muy importante para mí en muchos ámbitos que he desarrollado durante más de diez años trabajando en retiros y cursos de sanación de las heridas de la infancia.

Aquí conocerás la personalidad herida y observarás las tareas de desarrollo que no se completaron en cada etapa, el permiso sanador de tu adulto a tu niño, ejemplos prácticos de sanación, el veneno de la herida y el antídoto. Destaco la descripción de la personalidad herida y, sobre todo, te ofrezco un camino de sanación que permita a esa personalidad ser permeable y no rígida.

Reconocerás las actitudes heridas de un niño-padre, como muchos de nosotros tuvimos, para definir en qué lugar ubicas a tus padres y sus heridas, y qué hacer como adulto con eso. En estas páginas encontrarás cómo es un padre-adulto; será una guía efectiva si eres padre, o para cuando lo seas, y así no reproduzcas lo aprendido con las heridas de tus propios padres, que a su vez las heredaron de los suyos.

Desarrollé un esquema de la personalidad que te permitirá conocer cómo se va construyendo tu personalidad desde los cuatro niveles de desarrollo; en qué zona se alojan las heridas de la infancia; cómo se expresa este dolor y cómo conocer y sanar tu parte niña(o), adolescente y adulto, hasta llegar a una conciencia sanadora del adulto integrador que eres hoy. El esquema del edificio de la personalidad será una referencia para expresar el dolor y cambiar los códigos desde la raíz de lo aprendido en el niño hasta el adulto.

En el edificio de la personalidad propongo un ejercicio sanador que te recomiendo vivir después de leer el libro; es una experiencia final muy importante.

Espero que al concluirlo estés más cerca de ti; comprendas con claridad tu camino de sanación; cures tus heridas con más paz y amorosamente comprometido con tu proceso que, al mismo tiempo, es una filosofía de sanación de la infancia y de todo el dolor que vivimos cuando permanecemos atados a cadenas de ignorancia y desamor.

La infancia no es destino: aquí aprenderás que el dolor es un motor de cambios y, como diría Buda, un vehículo de conciencia. Deseo que la conciencia del dolor te lleve a no traer el sufrimiento contigo y a no llevarlo a todas tus relaciones; que vivas lo que estés listo para actualizar y sanar.

Deseo que mis palabras te acompañen en cada capítulo, que tu conciencia se haga más grande y, sobre todo, que vivas la esperanza de salir de los patrones de dolor que te llevaron al aislamiento y la defensa. Esto te impide vivir el amor y la intimidad en todas tus relaciones.

Se trata de un proceso, porque mientras estemos vivos nunca dejamos de aprender y crecer. Recuerda que no estás solo, la infancia quedó atrás, hoy eres un adulto que pasó por etapas y pruebas dolorosas que dejaron herramientas, fuerzas y claridades. No te identifiques con la debilidad y el dolor, eres un sobreviviente y eso te hace un ser poderoso, lleno de cosas buenas para dar.

Anamar Orihuela

1

El cuerpo emocional

Nuestro cuerpo funciona por medio de sistemas, tenemos uno digestivo, otro nervioso, uno inmunológico, otro más respiratorio, en fin, somos una unidad de sistemas que nos permiten funcionar físicamente. Es fácil entender esto, todos lo sabemos porque a nivel físico vemos, sentimos y conocemos estos sistemas. El cuerpo es sólo una parte de ellos, la más evidente, la que podemos ver y tocar. Tenemos un físico que nos distingue de los demás y para todos es clara la diferencia. Sin embargo, el físico sólo es una parte de la personalidad, tenemos otras menos visibles pero igual o más importantes, pues todo lo que pasa en ellas se manifiesta en el físico; el origen está en estos otros cuerpos que nos conforman y que, como no son medibles ni pueden pesarse, pareciera que no existen o son menos importantes.

Todos hemos escuchado que nuestras enfermedades son una expresión de algo emocional, un desequilibrio en partes más profundas, como son las emociones o las creencias.

Esas partes menos evidentes son el origen de muchas cosas que reflejamos a nivel físico. La forma del cuerpo, las enfermedades, las defensas. Todo tiene un origen más sutil, que de pronto ignoramos porque no es material. Nos enteramos hasta que ya llega a lo físico, pero antes no lo conocemos ni lo percibimos.

Todo nace en nuestras creencias, decía Buda: "El universo se construye con nuestros pensamientos, con ellos creamos el mundo." Desde que somos una semillita en el vientre de nuestra madre ya estamos construyendo esos pensamientos por medio de lo que percibimos como agradable o desagradable. Nuestra madre nos comunica esas sensaciones mediante lo que siente y percibe del entorno. Por eso la influencia de nuestros padres y su manera de ver la vida es determinante: así iniciamos el camino a través de la mirada de ambos, y no sólo de nuestra madre.

Tenemos una personalidad configurada por sistemas de creencias que se expresan por medio de emociones que, a su vez, se manifiestan a través del cuerpo físico. Éstos trabajan como capas en la personalidad, con un funcionamiento conectado pero independiente, por lo que tenemos un mayor desarrollo a nivel emocional o mental, o más desarrollo emocional que físico.

Cada cuerpo tiene sus propias necesidades, funciones y fuerzas, sus propios terrenos lastimados y heridos; juntos conforman la unidad que somos y trabajan por la evolución y el crecimiento como seres vivos.

Función del cuerpo emocional

Para entender dónde se ubican las heridas de la infancia y cómo sanarlas es importante saber cómo se forma, qué es y cómo se nutre el cuerpo emocional, presente en todas las capas de la personalidad. Es una parte fundamental que expresamos desde los primeros momentos de vida. Maduramos físicamente, incluso hoy estamos muy preocupados por estimular la inteligencia de los niños, pero conocemos muy poco sobre madurez emocional.

Deberíamos cursar una materia que nos permita conocer, madurar y sanar el cuerpo emocional, fuente de muchos problemas en la vida, ya que no sabemos cómo dirigirlo, nutrirlo, madurarlo, qué necesita y cuáles son sus dolores.

Muchas veces, por muy claras que tengamos las cosas en nuestra mente, si en el cuerpo emocional hay nudos de dolor, ellos determinan la realidad, sin importar qué tan claro lo tengamos en nuestra mente. Por ejemplo: si quiero poner un negocio y tengo los conocimientos y el dinero, pero en mis emociones domina el miedo por una fuerte creencia de que si fracaso todos se burlarán de mí y me dejarán de querer, el miedo lo malogrará todo. Cuando esa creencia y esa emoción toman fuerza, y no eres consciente de eso, puede tener tanto peso en tu historia que se manifiesta por medio de un auto sabotaje o desánimo que intenta convencerte de que, en realidad, no lo deseas.

Desde lo más básico, el cuerpo emocional es nuestra parte más instintiva, impulsiva, irracional, simbiótica y sensorial. Busca satisfacer sus necesidades de manera un poco animal, casi desde la supervivencia. Cuando vemos a dos personas dándose de golpes o peleando por comida, actúa el *yo* emocional, que es más arcaico. Sin embargo, el cuerpo emocional también expresa emociones de belleza y amor muy sutiles; son más maduras y nos permiten conectarnos con la vida desde la alegría y el placer. En todo hay una dualidad: una parte oscura, instintiva y burda, y un lado luminoso, armonioso y sutil. Esto depende de nuestro nivel de madurez y desde dónde nos manifestamos. Cuando vivimos desde el niño herido, nos sentimos enojados, celosos, envidiosos, rencorosos, etcétera; y, en cambio, cuando nos expresamos con el verdadero *yo*, somos generosos, amorosos, divertidos, empáticos.

> El cuerpo emocional nos permite sentir dolor por lo que nos lastima, para movernos y cambiarlo y, al mismo tiempo, nos ayuda a reconocer lo bello y lo valioso de la vida.

Nos permite reconocer qué nos hace bien y de qué debemos protegernos. Nos guía en el camino de la vida y nos deja sentir lo bella y profunda que es. Si estamos junto a la persona que amamos y nos sentimos uno con él o ella, vivimos ese sentimiento de amor mediante el cuerpo emocional; y también un profundo dolor cuando nos sentimos traicionados.

Gracias al cuerpo emocional sentimos el poder del amor, el impacto de la música, lo transformador de la belleza, la presencia de Dios y de lo sagrado en la vida; asimismo, las emociones más instintivas, como los celos o la envidia, o las más sutiles, como la compasión y el amor. Todas se alojan en el cuerpo emocional. Sin él, la vida sería plana, sin emotividad, robotizada, puro deber, pura racionalidad.

El físico y las emociones maduran. Por ejemplo, un cuerpo maduro se refleja en la disciplina que integra, en el equilibrio y salud; es un cuerpo con un sistema inmunológico fuerte y sano. Tiene los nutrientes suficientes y funciona al servicio de la persona, no la persona al servicio del cuerpo. Un cuerpo físico inmaduro o en desequilibrio demanda atención, quiere gobernar o está enfermo. Por ejemplo, si lees y sientes hambre, ganas de ir al baño, sed, hambre o sueño, son manifestaciones de un cuerpo físico que gobierna. O bien, si quieres ir al gimnasio en las mañanas y no hay poder que te levante para realizar lo que tanto bien te hace, es como estar ante un tirano interno al que no le gusta la disciplina, se siente dueño del auto cuando en realidad es el chofer.

El cuerpo emocional también tiene su nivel de inmadurez, es demandante y a veces te hace actuar como él quiere. Así, en este cuerpo se viven las emociones más sutiles o las más dolorosas y martirizantes. Todo depende de su nivel de madurez. ¿Cómo madura el cuerpo emocional? Empieza desde niño, ante el contacto, la expresión y el entendimiento de lo que siente acompañado de los padres; eso le permitirá ganar terreno y manejar mejor esa parte de sí.

Nutrientes del cuerpo emocional

Hay una base fundamental del cuerpo emocional, una especie de nutrientes básicos que debemos recibir desde que estamos en el vientre de nuestra madre. Cuando no existen esos nutrientes, sentimos un dolor de separación que afecta de manera significativa el cuerpo emocional, y éste queda lastimado. Si esta herida se mantiene abierta, no le permitirá madurar ni desarrollarse. Los nutrientes básicos del cuerpo emocional son: *afecto*, *pertenencia* y *estructura*.

La simbiosis con la madre, el apego a la familia, la protección de los padres, el reconocimiento de mi presencia y mis necesidades, las caricias, la estructura y los límites en mi entorno, todo esto se resume de niño en pertenencia, afecto y estructura.

Desde que nacemos y, en particular, en los primeros siete años de vida, estas tareas de desarrollo son fundamentales y básicas, aunque deben estar presentes durante toda la formación de nuestra personalidad. En el adolescente, para que madure emocionalmente; en el adulto, para lograr sus objetivos. Son las esencias de un cuerpo emocional sano a lo largo de nuestra vida, pero sobre todo en la infancia. A veces, por circunstancias del momento en que nacimos, por incapacidad de los padres o porque la vida no es perfecta, somos tan vulnerables en nuestra primera infancia, que fácilmente podemos sentirnos abandonados, rechazados. Este dolor es muy profundo para cualquier niño, más aún si se convierte en una constante por largo tiempo.

Muchas veces nacemos en circunstancias complejas. Recuerdo a una paciente que, cuando nació, su mamá pasaba por el duelo de la muerte de su madre, la abuela de mi paciente. Su madre no podía darle atención y apego, sólo estaba deprimida, lo único que podía dar era dolor. Esto duró el primer año de su vida, después su mamá se recuperó y quiso compensar su culpa con sobreprotección. Mi paciente lo único que recordaba era que tuvo una infancia súper feliz, que sus papás le daban todo y no entendía de dónde venían esas etapas en que se deprimía, sentía mucho miedo a madurar y ser adulta.

Durante la terapia, vimos que todo ese primer año de vida sintió mucho miedo, soledad e incertidumbre y, más tarde, su mamá la sobreprotegió. Esto le generó miedo profundo a crecer, tristeza interna y falta de seguridad en su propia capacidad para defenderse y madurar. Ella tenía casi cuarenta años y su mamá seguía sobreprotegiéndola y tratándola como niña. Con este ejemplo se puede entender cómo las heridas de la infancia no siempre tienen que ver con falta de amor. Creo que la mayoría de las veces se relacionan con la ignorancia de los padres, su incapacidad y falta de conciencia sobre la vulnerabilidad de un niño y lo que necesita.

> El dolor de la falta de afecto, pertenencia y estructura, deja una herida que no permite al cuerpo emocional desarrollarse plenamente. Es como una herida en el cuerpo físico.

Imagínate que cuando eres niño te rompes un dedo y nadie se da cuenta; el dedo crece chueco, sigue su proceso pero nunca del modo en que iba a crecer. Ese dedo perderá capacidades y, a la larga, dará problemas. Así sucede con las heridas de abandono o rechazo en un niño; si no sanan, no le permitirán desarrollar al pequeño autoestima, autoconfianza, amor y respeto para sí. Es como si aprendieras a odiarte antes que amarte, eso ya creció chueco.

El afecto

Se expresa por medio de ternura, empatía y amor, con caricias, miradas y cercanía física; pensamientos de aceptación y respeto profundo por el otro. Cuando una madre o un padre sienten afecto por su hijo, lo expresan con sus ojos, sus actos, su cuerpo, el reconocimiento de sus necesidades, al alimentarlo y darle la seguridad que necesita. No sólo es proveer, eso lo hace cualquier cuidadora, sino dar con amor; es un lenguaje muy energético y un sentimiento de aceptación e intimidad. El impacto del afecto se ve claramente en un padre que disciplina a su hijo desde el rechazo o desde el afecto; el mensaje que recibirán será muy diferente; aunque ambos hablen de sacar buenas calificaciones, el impacto energético será distinto. Incluso ambos pueden hablar molestos y serios, pero cuando hay afecto sincero, éste se refleja y cuando hay rechazo, también. No importan los *cómo*, sino los *dónde*, porque el *dónde* es lo que termina por escucharse.

Lo antagónico al afecto podría ser el rechazo. El afecto te vincula y acerca, el rechazo te aleja y separa. Un padre que rechaza a su hijo, que no lo quiere en su vida, que le estorba, que lamenta su nacimiento, transmite ese sentimiento que el niño interiorizará y convertirá en odio a sí mismo. Si esa herida permanece, será una persona autodestructiva, que rechaza su capacidad para salir adelante y se odia profundamente. El sentimiento de rechazo de un padre es el peor veneno para un hijo, ya que con el paso del tiempo el hijo lo sentirá y actuará de modo autodestructivo mediante el alcohol o las drogas, o pensará en el suicidio, etcétera.

La pertenencia

Todos necesitamos sentirnos parte de algo: de una familia, de una sociedad, de un país. Es una necesidad humana básica. Hasta el más solitario necesita ser parte de algo (como una tribu urbana) o busca pertenecer mediante la música o una corriente de pensamiento. Pertenencia es compartir una identidad o las mismas raíces. Una persona con pertenencia desarrolla un sano orgullo y visión colectiva. La desarrollamos por medio de la presencia constante y predecible de nuestros padres. Del orgullo que dan los abuelos, los padres, la nación. Y en el nivel básico, el hogar, la habitación, la familia, los amigos. Todo genera un lazo de unidad con lo externo.

Un niño que no tiene claro quiénes son sus padres o abuelos ni con quién vive, si siente rechazo de su familia o le avergüenza su madre, se siente separado, solo, como extraterrestre en el mundo. Esto es muy doloroso para una persona. El desarraigo es la peor soledad interna porque inhabilita para crear una familia, trabajar en comunidad, sentir amor por los otros y por la vida.

Es importante que la persona sin pertenencia trabaje sus lazos familiares y recupere la herencia positiva de su grupo. Siempre hay una herencia positiva en las familias, así como motivos de orgullo y aprendizaje, sólo que, a veces, están ocultos y deben sacarse a la luz.

Estructura

En la familia la estructura y los límites constituyen el orden básico para la personalidad del niño. Tanto como los horarios y las disciplinas, el desarrollo de la propia independencia e identidad. Desde muy pequeños, los límites ayudan a reconocer qué se permite y qué no, ciertas reglas, orden respeto por algunas cosas. Cuando aprendemos esto en casa, lo llevamos a la vida. Eso nos da seguridad y orden. Por ejemplo, si estás en lugares o instituciones donde sabes que hay reglas y límites claros que todos respetan, eso te da confianza, no tienes que estar a la defensiva o protegiéndote de todos. Sabes que hay autoridad y, por lo tanto, estás protegido. Las reglas son importantes y hay que seguirlas. Empiezan con la disciplina y autoridad de los padres. Su ausencia desestructura la personalidad de un niño. La falta de reglas, o el exceso de ellas, genera enojo hacia la autoridad y cuando la persona no sabe seguirlas puede convertirse en un sociópata que quiere que todo se haga con base en sus reglas.

> Si una persona carece de límites, no tendrá capacidad para empezar y terminar lo que se propone, no sabrá hacer crecer lo que emprende .

Por ejemplo, alguien puede tener un buen proyecto y lo inicia pero con el tiempo lo abandona porque su personalidad carece de estructura, de constancia y permanencia. El abandono en la infancia impide el desarrollo de esta estructura y genera individuos sin autoridad interna y externa. Los padres que no ponen límites fomentan ese abandono y, en consecuencia, sus hijos poseerán una personalidad sin respeto por los demás, la vida o su persona.

afecto sin límites, igual a perdedor
límites sin afecto, igual a tirano
afecto y límites sin **pertenencia,** éxito sin amor por lo colectivo

La vergüenza y la falsa personalidad

Cuando somos niños y no tenemos afecto ni sentido de pertenencia y estructura básica, nos sentimos abandonados y rechazados. El dolor de estas heridas se traduce en vergüenza, sentimiento de falta de amor por la persona que soy; sentirse inadecuado e inseguro. Este sentimiento interno hace sentir que algo en mí está mal y me rechazo.

Un niño piensa: "Seguro mis padres no me abrazan porque algo está mal en mí." "*No* soy una persona valiosa porque mi padre no quiere verme." "No soy importante por eso mi mamá no quiere jugar conmigo." Esta vergüenza va directo al *ser* del niño, al: *yo* no soy valioso, *soy* un error, entonces el niño empieza a sentirse ansioso por miedo a no ser visto.

El contacto de los padres es muy necesario, así que el niño se vale de sus recursos para obtenerlo. Desde la angustia del abandono o el rechazo, empieza a actuar de diferentes modos para llamar la atención de sus padres; manifiesta formas de ser y actuar que sacrifican al verdadero *yo* en un intento de ganar valor y llenar las necesidades de contacto. A veces actúa como adulto, se enferma, se muestra rebelde.

Como niños, medimos la reacción de los padres ante ciertos comportamientos y verificamos si funcionan o no. A veces un regaño, golpes, un grito, dan al niño la garantía de ser visto, lo cual, aunque suene raro, es mejor que el vacío y ser ignorado.

Ausencia de vínculo = sentimiento de vergüenza, adopción
de una falsa personalidad

Imaginemos a Óscar, cuyos padres siempre están ocupados en sus propios asuntos. Su madre, siempre enojada con la vida porque no quería tener hijos ni casarse y sumida en una depresión crónica que no le permite ver a nadie ni estar presente de ninguna manera constructiva. Su padre, para evadir la falta de aceptación de su mujer, sus quejas y padecimientos, siempre trabajando o viendo el televisor. Óscar necesita a sus padres, su ausencia y falta de contacto lo hacen sentir abandonado. Empieza a angustiarse. Hace algunos intentos, pero no dan resultado y esto daña seriamente su autoestima. Óscar no sabe que sus padres no tienen la capacidad de atenderlo, que están inmersos en sus carencias, no se dan cuenta de que él los necesita. El pequeño Óscar siente que el problema está en él. Aprende a mirarse en un espejo roto.

> Los padres, por medio de su afecto, su tiempo, su presencia, nos dan un luminoso espejo que nos hace mirarnos valiosos y merecedores.

Y cuando están ausentes, el espejo donde nos miramos se rompe. Para un niño, no ser visto por sus padres y la ausencia de seguridad, afecto y protección, son como estar en peligro de muerte. Es un tema de sobrevivencia. El vacío y la ausencia de los padres provocan una enorme angustia en el hijo, pues no tiene recursos de ningún tipo para salir adelante solo. De manera que intenta todo para que sus padres lo vean, aunque sea sacrificándose.

Óscar empieza a pelearse en la escuela, a sacar malas calificaciones, a ser rebelde con sus padres. Su madre se queja todo el tiempo de él y su padre deja de ver la tele para golpearlo; su madre empieza a supervisar sus tareas, los dos empiezan a mirarse para hablar de su mala conducta. Óscar lo ha logrado, encontró una forma de ser visto, sacrificándose y convirtiéndose en un problema. De esta manera Óscar busca afecto el resto de su vida.

Siempre elegimos, incluso cuando somos niños, con base en nuestro temperamento, un recurso con el que cada uno viene a esta vida y nos permite reaccionar de una u otra forma. Por eso en una familia con tres hermanos que presencian la misma discusión de sus padres, cada uno toma decisiones diferentes aunque la realidad sea la misma. Uno decide salir de la habitación, otro entrar a la discusión y el otro seguir viendo la televisión.

Las decisiones que tomamos suelen ser de tres tipos: **rescatar, evadir y llamar la atención.**

Cuando elegimos rescatar, nos convertimos en los padres de nuestros padres. Desde nuestra intuición y sabiduría de niños, sabemos qué hacer, nos vamos convirtiendo en consejeros, paño de lágrimas, aliados del padre o la madre, buscamos cariño y aceptación, nos sacrificamos por ellos, haciendo todo para complacerlos.

Imaginemos una madre que siempre se queja por la ausencia de su esposo. Llora frente a su hijo y dice que se siente sola, que su esposo nunca la apoya y no cuenta con él. El niño que elige rescatar, genera apoyo hacia ella y, en vez de jugar con sus hermanos, la acompaña; no se porta mal para que ella no se ponga triste y quizá hasta desea sustituir a su padre, actuando como adulto para llenar la necesidad de su madre. El niño necesita llenar su necesidad de contacto con su madre, sin embargo así se sacrifica y abandona sus necesidades para cubrir las de su madre, con la esperanza de que ella vea que la necesita.

Rescatar

Cuando elegimos rescatar a nuestros padres, sacrificamos nuestras necesidades por las de ellos. Crecemos con la angustia de que ellos estén bien y nada les pase. Recuerdo que desde pequeña elegí no ser una carga para mi mamá. Éramos seis hermanos y ella estaba sola. Yo elegí pasar inadvertida y no necesitar nada para que ella no tuviera un problema más. Cuando cumplí quince años, mi papá me regaló dinero. Sin pensarlo, compré una sala para mi casa e invertí en ropa para vender y así tener dinero para ayudar a mi madre. Crecí anulando todo el tiempo mis necesidades y haciendo cosas que, en realidad, nunca llenaban mi vacío. Aprender a validar lo que necesito, expresarlo y permitirme recibir, ha sido importante para sentir amor y respeto por mí.

Rescatar se convierte en una compulsión y una manera de evadir las propias necesidades. Ésa es la esencia de la codependencia: una forma de desplazarse por otros. Primero, por los padres y después por la pareja, y si la humanidad entera lo permite, por qué no, todo con tal de ser vista, reconocida, aceptada por todos, excepto por ti. Te condenas, como persona a ser esclava del rescate, ya que nunca llenas tu cuerpo emocional herido. La única manera de repararlo es que ese reconocimiento, esa relación con tu vulnerabilidad, ese respeto y amor por quien eres, venga de ti para ti; que vuelvas a ti y cures las viejas heridas de tu cuerpo emocional para recibir de ti y de los otros el amor que sí cura.

Rescatas a la niña que fuiste proyectando en tus padres o en uno de ellos en tus relaciones actuales de manera inconsciente; esperas que algún día ese padre o esa madre imaginarios estén completos para ti. Ésa es la fantasía del niño interno.

Evadir

Cuando elegimos evadir, nos vamos a un mundo paralelo, buscamos algún medio para no sentir lo que pasa con nuestros padres, negamos el dolor y el conflicto que nos provoca. Cuando evadimos, nos anestesiamos emocionalmente, nos sentimos ajenos a la situación, perdemos identificación con esa familia, lo que genera falta de pertenencia a todo. Como una soledad crónica, en la que no soy parte de nada.

Podemos evadirnos mediante el estudio, los videojuegos, las drogas, la música, las fiestas, los amigos, etcétera. Hay muchas formas de lograrlo y dejar de sentir esa ausencia tan dolorosa. Esta decisión la tomamos para sobrevivir, pero tampoco llenará nuestras necesidades de contacto. Es algo que elegimos para sobrevivir, nos hacemos solitarios, arrogantes, exitosos, pero con poca capacidad de intimidad.

De niño puedes evadirte en los videojuegos, en la música, ir a tu propio mundo. Recuerdo a una paciente que sus padres la encerraban en el ropero cuando se portaba mal. Para evadir el miedo y el dolor de semejante castigo, se contaba historias para alejarse de la realidad hasta quedarse dormida. Hoy parece vivir siempre en sus fantasías, le cuesta poner atención. Cuando vive algo que no le agrada, simplemente se desconecta. Eso que la salvó en la infancia hoy la incapacita para la vida. Es como si se metiera al ropero aquí y ahora.

Llamar la atención

Para un niño es otro recurso. Llamar la atención busca satisfacer la necesidad de contacto. En psicoterapia lo llamamos el chivo expiatorio o el paciente identificado, que actúa el problema de la familia. Parece que es quien tiene el problema de mala conducta en la escuela, o de drogas, cuando en realidad manifiesta el problema familiar que no le permite llenar sus necesidades afectivas. Llamamos la atención siendo rebeldes, enfermándonos, lastimándonos con el alcohol o las drogas, de manera destructiva, pero también siendo perfeccionistas, muy maduros, sacando buenas calificaciones. Haciendo cosas que no corresponden a nuestra edad. Hay muchas formas de gritar y decir: ¡Véanme, aquí estoy!

Recuerdo a Gabriel, un niño que hacía preciosos modelos en plastilina. Su mamá estaba enferma de victimismo y queja, se la pasaba hablando mal de su esposo y de todo el mundo, como una mujer que nadie valoraba y de la que todos abusaban. No entiendo cómo padres así pueden tener hijos tan buenos como el pequeño Gabriel, que era dulce y cariñoso. Cuando modelaba en plastilina lograba que su mamá dejara de quejarse y hablara con todo mundo de lo bien que lo hacía, de lo orgullosa que estaba de él. Gabriel encontró una forma de que su mamá fuera "feliz".

La pregunta es: ¿él disfrutaba modelando o lo hacía como sacrificio? No lo sé, pero así llamó la atención de su madre, la hizo feliz temporalmente, aunque fuera el inicio de una serie de sacrificios para intentar satisfacer a una mamá que no sabe cómo se vive.

Llamar la atención es un recurso de contacto. Podemos hacerlo mediante caricias negativas. Muchas veces, el problema no está en el niño que golpea a sus amigos, o el adolescente que se corta el brazo, o la hija que se droga, ellos son el reflejo de un problema de contacto más profundo que tiene la familia. El recurso que los niños o jóvenes encuentran es llamar la atención. Recuerdo a un paciente que tenía problemas de alcohol. Cuando su hijo de doce años empezó a tomar, él dejo de hacerlo y lo buscó. ¿Cuántos niños-problema buscan afecto, límites, pertenencia?

Las decisiones que tomamos llenan nuestras necesidades afectivas, hacen algo para compensar lo que está mal en nosotros. Es lo que podemos hacer como niños y se convierte en una forma de identidad. "Yo soy el mediador de mis padres." "Yo soy quien complace a mi madre para que sea feliz." "Yo soy el hijo-problema." Se crea una identidad en la que se olvida quién es la persona en realidad. Esto funciona cuando eres niño de cuatro, seis u ocho años, porque son los únicos recursos que posees. El problema es que crecemos con la idea de que es la única manera de "llenar" nuestras necesidades.

Ahora eres un adulto, hay cientos de posibilidades más, pero no las conoces y aún utilizas los recursos que le sirvieron al niño que fuiste, porque estás completamente identificado con ese rol. Hay otros recursos que en verdad pueden llenar tus necesidades de afecto y contacto. El mayor problema es olvidar lo que necesitas y quién eres en realidad, sin esos recursos de evasión, rescate o para llamar la atención.

Por eso, hoy que eres adulto te sientes un adulto-niño, porque hay heridas profundas que, de pronto, ponen tu niño a flor de piel y no te permiten sentirte amado, merecedor, valioso y en paz con quien eres, tal cual eres.

> Las heridas de la infancia son esas ausencias de afecto y contacto que tanto te faltaron y se quedaron como necesidades no resueltas para completar un ciclo de desarrollo del cuerpo emocional.

Quizá nunca pudiste saciar esas necesidades cuando eras niño y las decisiones de supervivencia fueron alejando, cubriendo y acorazando ese verdadero yo.

También una herida de la infancia es sentir el vacío afectivo de los padres, el miedo de no pertenecer a algo o alguien, la carencia de vínculos con padres limitados e ignorantes. Hay padres-niños que no tenían la capacidad de dar, sino la necesidad de recibir, de demandar.

Todos los hábitos que desarrollamos para sobrevivir, como el control por medio del rescate, la evasión, el victimismo, el perfeccionismo, etcétera, se van convirtiendo en hábitos compulsivos con vida propia, porque por medio de ellos encontramos un satisfactor falso y temporal. Por ejemplo, la niña que es ignorada por sus padres y se da cuenta de que cuando se enferma su madre deja de ir al trabajo para cuidarla. Ella sabe que para ser vista debe estar enferma. Esto se convierte en un sistema involuntario, donde cada vez que siente su tanque afectivo vacío, su cuerpo se enferma. Obviamente esto no es consciente ni provocado por ella, es una manera inconsciente de responder ante una realidad que, en otro momento, encontró un satisfactor y ahora no sabe cómo llenar de otro modo.

Las heridas emocionales de la infancia marcan de manera significativa nuestra vida, ya que estamos en una etapa fundamental del desarrollo de nuestra personalidad. A lo largo de nuestra vida todos vivimos heridas secundarias. Vivimos experiencias que nos lastiman o decepcionan, pero no dañan tanto nuestra personalidad; tenemos más autonomía y capacidad de sanar para aprender a liberar ese dolor y crecer. Cuando somos heridos, tomamos decisiones, y estas decisiones cambian nuestra manera de estar en el mundo.

El dolor es un gran motor evolutivo que permite transformarnos si lo vivimos con espíritu adulto y capacidad de responsabilidad. Cuando somos niños esto es imposible. Por ello, sanar tus heridas de la infancia hoy te permitirá crecer y madurar el cuerpo emocional, el yo-niño interior que busca lo que tanto le faltó.

¿Cuáles son tus necesidades afectivas no resueltas en la infancia?

Para resumir, el cuerpo emocional es una realidad interior que se expresa por medio del cuerpo físico, y necesita nutrientes como afecto, pertenencia y estructura o límites.

Todos tenemos —y necesitamos— un cuerpo emocional. Debemos hacernos conscientes de él y de sus verdaderas necesidades y madurarlo. Esta comunicación con nuestro cuerpo emocional la logramos por medio del físico y las sensaciones. Las enfermedades y los síntomas que expresa el físico también son formas de comunicación del cuerpo emocional. Si tenemos mayor contacto con nuestro cuerpo físico, veremos qué nos comunica a través de él. Esto nos permitirá habitarnos.

¿Qué te dice tu cuerpo emocional con ese dolor de estómago, esa gastritis, esas contracturas?

> Aprender a conocer, sanar y llenar nuestro cuerpo emocional nos permitirá controlarlo, tener una mayor congruencia con lo que nuestro cuerpo mental adulto necesita.

Casi siempre quien nos pone el pie o nos sabotea es el niño herido, irracional, impulsivo, berrinchudo, que es un *yo* niño con poder de gobernar nuestras decisiones más importantes porque está en la inconsciencia, sigue abandonado. Eso lo hace tener el control y expresarse desde el dolor. Éste es tu camino de crecimiento, ir por el niño o la niña que fuiste y empezar a ser una buena madre o un buen padre para que esos nutrientes que tanto faltaron te permitan crecer en todo lo bueno que eres.

Muchos de ustedes saben perfectamente lo que necesitan, pero ante la circunstancia, el niño interno o el adolescente interior se maneja desde sus visiones y defensas, casi siempre basadas en el miedo, en la defensa o en lo conocido. Y te quedas lleno de frustración porque no puedes aplicar lo que ya te quedó clarísimo desde hace tiempo en tu yo adulto, pues no tenemos un control o un liderazgo del yo emocional. Y no me refiero a un control tirano, como un padre autoritario que somete a su hijo para hacer lo que tiene que hacer, sino desde el amor y la capacidad de escucharnos. Muchos hacen todo el tiempo lo que saben que es correcto y el cuerpo emocional obedece. Son tan autocríticos, rígidos y autoexigentes que tienen bien controlado al yo niño, pero cuando menos se dan cuenta, el adolescente se les escapa y tiene actitudes autoboicoteadoras o con sentimientos de vacío e insatisfacción constantes.

Cuando te comportas como tirano, sabes hacer todo lo correcto, lo que se debe, pero sin sentir felicidad. No se trata de controlarnos por medio de la autoridad sino por amor. Conociendo, aceptando, escuchando y dirigiendo esa parte de ti como un padre interno amoroso y no como un padre interno autoritario que niega las verdaderas necesidades.

Cuando ganamos liderazgo sobre nosotros desde el amor y el respeto, las partes en nosotros nos obedecen y cooperan con lo que elegimos, porque eres una persona que no las ignora, maltrata ni pasa por alto sus necesidades. Confían en ti porque las ves, las escuchas y respetas. Gobernarnos siempre es de las tareas más difíciles, pero como todo buen líder, si ignoras a alguien de tu equipo, al final hará que algo no funcione. Somos complejos, tenemos varios sistemas que nos conforman, todos son nuestro equipo; hay que aprender a conocerlos y llenar sus necesidades, entonces podrás vivir la congruencia en el pensar, decir, sentir y hacer.

> Cuando sanamos la parte herida del cuerpo emocional, liberamos al niño y al adolescente poderoso que subyacen. Todos tenemos una parte del niño libre y la fuerza del adolescente idealista que fuimos, esas partes son el verdadero yo.

El yo libre que no encontró cómo ser él mismo y expresarse.

El verdadero tú es muy distinto a lo que conoces de ti mismo, puede ser alguien lleno de vida, alegría y creatividad desde la libertad. Cuando sanamos la parte herida del cuerpo emocional, expresamos, sentimos y observamos un yo más libre y espontáneo en nosotros, nos sentimos más contentos, nos gusta más cómo somos y podemos cantar en un karaoke con mayor autoestima y libertad que cuando estábamos heridos y llenos de vergüenza.

Liberar el dolor libera al verdadero tú que tanta falta te hace para sentirte pleno. Es como si volviera la paz a tu vida, como si la vida dejara de amenazar, como si recuperaras una parte sólida de ti, que te hace sentir confiado para vivir sin la angustia de llamar la atención, vivir con fuerza para protegerte, ganar respeto, ser valorado. Superar esa enorme angustia del niño herido que vive en ti.

Todo lo que tiene vida está en evolución, todo lo que tiene energía está en movimiento. Un movimiento hacía la evolución, la madurez y el crecimiento. Los seres humanos somos parte de ese movimiento. Las heridas emocionales nos ponen en movimiento, son un detonador de crecimiento y sanación, no son un error de nuestra infancia, de nuestros padres. Son muchas veces una cadena de dolor que vivimos por generaciones y que, por falta de consciencia, no sabemos cómo dirigir y apoyar el cambio y la sanación. Nos enojamos con nuestras heridas, con nuestros padres, nos sentimos víctimas de la vida porque creemos que todos tuvieron lo que nosotros no y ese afecto, esa protección que nuestros padres no nos dieron, en realidad es parte de una cadena de dolor. No entendemos que nuestros padres tampoco tuvieron afecto y protección y no dieron lo que no tenían; que, en realidad, no existe el malo en esta historia, y si lo hubiera se llamaría **ignorancia**. Ésta nos urge a despertar y asumir que si no elegimos sanar nuestras heridas y aprender de ellas, seguiremos viviendo en cadenas de ignorancia y dolor interminables.

Si dejamos de identificarnos con nuestros dolores, carencias y máscaras, veríamos un poco más allá y entenderíamos que somos almas aprendiendo una lección. Lecciones como perdón, autovaloración, confianza, límites, respeto, etcétera. Muchas las aprendemos por medio del dolor, y las heridas de la infancia se vinculan con nuestras lecciones de vida y lo que venimos a aprender a esta vida que nunca se equivoca. Para concluir este capítulo te pido que reflexiones sobre estos tres puntos:

1. ¿Cuáles son las lecciones que la vida te pide aprender?
2. ¿Crees que la vida espera algo de ti?
3. ¿Tiene algún sentido el dolor que vives?

2

La personalidad herida

Persona significa máscara. Todos necesitamos una que nos distinga, una personalidad que nos dé identidad; es nuestro cuerpo, nuestra forma de vestir, de sentir las emociones con las que nos identificamos, nuestras ideas acerca de nosotros y de la vida. Vamos construyendo una personalidad con base en:

a) La forma en que nos dicen nuestros padres qué *debemos* ser.
b) Lo que observamos que nuestros padres *son*.
c) Lo que experimentamos que *nos funciona* ser.
d) Lo socialmente aceptado.
e) Experiencias dolorosas propias.

Mediante todo esto construimos una personalidad con la que andamos por la vida. Filosóficamente dicen que nos hacemos esclavos de esa personalidad porque sentimos que somos eso, sin embargo, se cree que la personalidad es un vehículo para expresarnos. Nos "sobreidentificamos" con ella y, en vez de que nos sirva, la servimos.

Platón, el sabio filósofo griego, construyó la metáfora del hombre como un carruaje, dos caballos —uno negro y uno blanco—, un conductor y un pasajero. Me encanta esta metáfora porque habla con toda claridad sobre la personalidad en su justa dimensión. El carruaje es la personalidad, el conductor es la conciencia, los caballos son nuestra naturaleza dual —hacia la luz y hacia la sombra— y el pasajero que va a su destino es la expresión del *verdadero ser*. El carruaje nos permite llevar el alma y dirigirnos al destino. Así que somos mucho más que personalidad.

Vivimos en un mundo que rinde culto a la personalidad, entendida como el físico, la ropa, el dinero, los títulos, etcétera; y no recordamos que la personalidad es sólo un carruaje que debemos conservar sano, limpio y listo para que nos conduzca hacia experiencias significativas, para expresar lo que de verdad somos y aprender lo necesario para vivir bien. Nos identificamos demasiado con la personalidad y pensamos que sólo somos eso; se convierte en la única prioridad. Tener un lindo cuerpo, usar buena ropa, adquirir muchos conocimientos, que los otros nos vean y nos reconozcan, que tengamos poder, etcétera. En la actualidad no usamos la personalidad para expresar al verdadero *yo*, sino más bien para cubrir el verdadero *yo* que no conocemos.

Cuando vivimos dolores en la infancia, se forma una personalidad acorazada para protegernos del dolor de la infancia o de etapas conflictivas en la vida. La personalidad cambia todo el tiempo, así que puede ser moldeada y esculpida por nuestra conciencia. No obstante, las experiencias más dolorosas en etapas donde se formaron los cimientos de nuestra personalidad se instauran en nosotros de manera determinante. Cuando experimentamos muchos dolores no resueltos con los padres tenemos una personalidad apegada al dolor, enraizada al dolor del pasado, llena de defensas, miedos y enojos. Es una personalidad que gobierna gran parte de nuestra vida.

Esta personalidad formada a partir del dolor requiere reconocerlo, que validemos las formas de protección desarrolladas, que desahoguemos el dolor atrapado en el cuerpo y en el alma, que la dirijamos a un camino de liberación de las defensas para expresar el *verdadero yo* atrapado en el caparazón. Esa personalidad herida es útil y nos protege, pero debe ser permeable para que cuando elijas, se pueda expresar ese *yo* vulnerable, amoroso, libre, creativo, soñador que no se expresó en la infancia. Es pulir, adelgazar y despresurizar a la "doña interna", que se siente como ama y señora de nosotros y no permite hacer nada.

Las heridas de rechazo, abandono, humillación, traición e injusticia moldean personalidades con características específicas, que desglosaré más adelante. Esta personalidad traduce la vida desde el miedo, la falta de confianza, el control, y recrea las mismas realidades de dolor porque está atrapado en él. Es como un intento de reparar lo vivido, pero sin conciencia es muy difícil, por lo que sólo se recrea y se vuelve a repetir una y otra vez en nuestra vida, reforzando la defensa sin posibilidad de sanar.

> Esta personalidad herida puede estar activa todo el tiempo en nuestro día a día o sólo en momentos donde me siento vulnerable con mi pareja o con personas significativas para mí.

Es como si se activara una defensa. Algo del entorno nos manda una señal de peligro, y la personalidad traduce la realidad amenazadora y recrea el dolor con los padres.

Muchas veces, la alerta de peligro es una fantasía, la personalidad puede traducir cualquier cosa como peligro, desde que mi esposo no me marca por teléfono, hasta que me dejen de querer si digo lo que siento. Esta máscara de dolor sale e interpreta todo, o casi todo, desde esta lente.

La personalidad herida tiene un problema: es paranoica y está a la defensiva todo el tiempo. Siempre está interpretando los actos y los pensamientos de las personas, y desde el parámetro de: seguro me va a lastimar, a mentir o traicionar. Se queda atrapada en la relación con los padres, abuelos, hermanos y personas significativas que nos lastimaron, activando las reacciones de defensa y sintiendo el mismo dolor de ayer.

Eso es lo que llamo una falsa personalidad, una personalidad que es más como una coraza, una defensa ante la vida y no vehículo para expresarme desde la conciencia. Nuestra personalidad es importante, sin ella no podemos expresar lo que somos. Cuando está herida, es como si anduviéramos en un auto sin una llanta, sin puertas y con los cristales rotos. Esa personalidad no nos permite avanzar, está lastimada y además sus cristales quebrados no nos permiten ver las cosas como son. Siempre nos hacen ver una grieta donde no la hay.

Los momentos en los que nos subimos a este auto imaginario casi siempre son con las personas que más miedo tenemos de que nos lastimen, entonces nos sentimos más necesitados y su amor, aceptación y valoración nos recuerdan a nuestros padres, a nuestra infancia. Cuando el cuerpo emocional está más involucrado, la personalidad herida tiene más peso, y no permite darnos cuenta de que vemos la realidad distorsionada.

- ¿Cuándo se activa tu personalidad herida?
- ¿Está encendida treinta, cincuenta o cien por ciento de tu día?
- ¿Quién activa más dolorosamente esa personalidad?
- ¿Te has bajado de ella estando arriba?
- ¿Cuáles son las típicas reacciones de tu personalidad herida?

La función de esa personalidad herida es protegernos del dolor primario. Se construye como un mecanismo de defensa, pero como es gobernada por el niño interno y no hemos sanado esa herida, termina reproduciendo el mismo dolor con sus defensas. Ejemplo de ello es una persona que para no ser traicionada no confía en nadie. Aparentemente, eso la defiende pero la predisposición a la mentira hará que interprete como mentira muchas cosas que no lo son y se sienta todo el tiempo lastimada de nuevo.

Cuando la personalidad es dirigida por tu adulto y no por tu niño herido, puedes discernir mejor y darte cuenta de cuándo sobredimensionas una situación y cuándo estás en un verdadero peligro. Conocer la personalidad herida y desarrollar otras partes conscientes y sanas, hará flexible tu manera de vivir. Todo tiene una función.

Esa personalidad herida es tu aliada, sólo hay que conocerla, guiarla y sanarla para que cumpla su función de vehículo —como la metáfora de Platón—, pero un vehículo que exprese lo que sí somos, lo mejor de nosotros mismos y lo que sí queremos vivir.

Todos somos únicos y tenemos un *yo* único. Una de las experiencias más interesantes de los talleres de heridas de la infancia que he impartido a lo largo de más de trece años, es que los participantes se den cuenta de que cuando actúan desde la personalidad herida, todos son muy parecidos, ven el mundo de modo similar, tienen hábitos de defensa semejantes; controlan, se sienten víctimas. Es como si estuvieran actuando el mismo guion. Esto ocurre porque cuando nos expresamos con una personalidad herida, no se expresa el *verdadero yo*, sino un patrón de dolor que nos hace ser iguales a todos, así como seguir patrones de dolor sin la posibilidad de saber quién soy y cómo resolver esta situación de vida.

Aprender a sanar las heridas es aprender a expresar el *verdadero yo*. Esa mejor parte de ti, que cuando se expresa te hace auténtico y libre, que a veces está tan oculta en la rígida personalidad herida que no encontramos y necesitamos profundamente.

A continuación describiré los cinco tipos de personalidades heridas, sus defensas, reacciones típicas, maneras de reproducir el dolor una y otra vez, para que identifiques las tuyas. Más adelante te diré cuál es la tarea de desarrollo, que te permitirá controlarlas.

3

Rechazo

Desde que un ser está en el vientre materno recibe información del medio, de las emociones y de los sentimientos que su madre le transmite y de lo que pasa fuera del vientre de la madre. Desde ese momento construimos nuestra relación con la vida, y en los niveles físico y emocional se forma nuestra personalidad.

Cuando la situación de la mamá es compleja, sea por enfermedad o porque no sabe de su embarazo y será complicado el nacimiento, cuando hay alguna crisis familiar, una muerte, etcétera, la información que llega al bebé resulta hostil, no le da tranquilidad. El bebé no entiende a nivel racional, pero siente la hostilidad del entorno, por lo que no se siente en paz ni armonioso. Ese sentimiento de hostilidad repercute en rechazo del entorno y empieza a configurar una forma de defensa contra eso.

La herida primaria de rechazo se inicia en el vientre materno y los primeros años de vida, comienza con ese sentimiento de hostilidad y rechazo. Un bebé que nace en un ambiente triste o caótico, lo siente y lo respira.

El nivel de percepción del bebé es muy alto. Cuando sentimos que algo nos molesta y hace sentir incómodos, la reacción inmediata es rechazarlo; por ejemplo, cuando tienes una piedra en el zapato, rechazas el objeto y lo eliminas.

Ésa es la reacción del niño que percibe un entorno no amoroso y confortable. Sentirá repudio por eso y lo manifestará a nivel instintivo, ya sea enfermándose, llorando o por medio de sus órganos de contacto, como la piel. Nada pasa a nivel racional, en esa etapa todo se expresa a nivel biológico. Esa reacción de rechazo se configura en él, y si continúa mucho tiempo, determinará la forma en que el niño se relacionará con su entorno, conformado por padres, familia, espacio, etcétera.

Cuando nacemos a este mundo, somos tan vulnerables y receptivos que es imposible no sentir cierta hostilidad en todo lo nuevo del entorno, desde la respiración hasta cómo nos adaptamos a la nueva vida fuera del vientre de mamá. Este cambio es un proceso de crisis, pero el vínculo y el afecto de la madre nos hace sentir que todo está bien en esa nueva realidad. La madre nos introduce al mundo y, con su presencia y protección, nos dice "no hay nada que temer, yo estoy contigo".

Ese primer rechazo del mundo va desapareciendo, te relacionas con él encontrando poco a poco tu lugar. Muchos niños que vivieron procesos difíciles en el vientre de mamá —no ser deseados, muertes de personas significativas para la madre, enfermedades de ella, conflictos en el entorno, etcétera—, reciben todo eso como falta de aceptación, y cuando nacen presentan enfermedades, problemas respiratorios —asma— problemas en la piel —alergias—, lloran mucho porque no se adaptan. Todas son formas de manifestar el rechazo a la vida que se empieza a desarrollar.

Las personas que viven esta experiencia desarrollan fobia por el entorno o a los contactos, sobre todo cuando sus padres no cambian su percepción del mundo. Todos podemos sentir rechazo por una realidad y después cambiarla hasta reconciliarnos con ella. El problema es cuando los guías primordiales, que son los padres, no ayudan a reconciliarse con el entorno. Esto se convierte en una personalidad que expresa rechazo a todo.

Los padres que tienen la herida del rechazo sostienen una relación semejante con el mundo, con la intimidad, consigo mismos. Por eso no transmiten un afán de reconciliación del que carecen. Cuando un padre se rechaza y tiene un hijo, puede transmitir ese rechazo sin ser muy consciente de ello. No podemos negar lo que somos, y menos con nuestros hijos, que se alimentan de lo que somos física, emocional y mentalmente. Heredamos la manera en que nuestros formadores ven el mundo y se ven ellos.

El rechazo se percibe del progenitor del mismo sexo. El padre del mismo sexo nos enseña cómo ser hombre o mujer. A partir de su ejemplo y de su modo de vivir entendemos cómo es el género que nos tocó. Cuando un padre o una madre tienen la herida de rechazo, suelen ser padres instalados en su propio mundo, ausentes o aislados, expresan un rechazo en su forma de verse como hombre o mujer, tienen poca capacidad para manifestarse con poder en lo que hacen. Ese rechazo de ellos como capaces y poderosos, hace que el hijo, de manera inconsciente, se alíe con ellos o los rechace completamente y, con esto, reproduce una forma de rechazo a lo que soy o a lo que ellos son.

Cuando nacemos en una familia donde ambos padres, o alguno de ellos, o todo el sistema es de rechazo, hay dos características: 1) son padres ausentes, ensimismados en su propio mundo, o 2) sobreprotectores, otra de las maneras de transmitir rechazo al entorno.

Un padre sobreprotector desarrolla y enseña a su hijo una forma de miedo, ya que será incapaz de desarrollar sus propias fuerzas para salir al mundo. Esas fuerzas no se desarrollan porque el padre o la madre las crea para ellos. Es otra forma de enseñar rechazo por el entorno, al cual temerá pues se siente sin recursos.

Una madre o un padre sobreprotector encubre algo. He observado que, posiblemente, es un sentimiento de rechazo al hijo, por eso lo compensa sobreprotegiéndolo. Todo lo disminuido o aumentado tiene un trasfondo, damos de más por alguna razón compensatoria.

> El verdadero amor nunca es excesivo. Una madre ama a su hijo cuando confía en su fuerza. Lo acompaña pero le permite volar. Cuando damos de más, cubrimos algo. Lo que el niño percibe es el mensaje de fondo.

Pongamos un ejemplo. Cristian es un niño prematuro, tenía sólo siete meses de gestación. Estuvo en incubadora, tuvo problemas para respirar y su mamá le dedicó cuidados especiales. Ella se relacionó con su hijo desde ese miedo a que algo le pasará y desde una visión de él como niño frágil. Cristian creció. Su mamá seguía haciendo las cosas que él ya podía *y debía* hacer solo, negándole la oportunidad de desarrollar su propia capacidad. A la larga, ambos estaban hartos porque uno se hizo incapaz de responder ante sus asuntos y la madre de resolverlos, pero tampoco confiaba en que el hijo lo hiciera.

La madre daba de más por miedo. En un principio es normal que ante una enfermedad tengas más cuidados, pero ¿por tantos años? ¿En qué momento deja de enterarse la madre de que su hijo ya es capaz y sigue reforzando su posición disminuida?

Otro ejemplo puede ser una madre que hizo todo para abortar a su hijo sin éxito. Cuando nace el bebé lo sobreprotege por todo el rechazo que sintió hacia él al tenerlo en el vientre. Todo lo disminuido o aumentado tiene un fondo que no es amor.

Personalidad herida de rechazo

Características físicas
Cuerpo delgado, piel pegada al hueso, hombros y cadera angosta, partes del cuerpo sin desarrollar: mentón pequeño, pene chico o senos disminuidos. Lo llamo un cuerpo aire, no enraizado, ausente, con poca masa muscular y más tendencias a pasar

inadvertido. Tiene proclividad a las enfermedades de contacto con el exterior, como son vías respiratorias, piel o sistema digestivo, como rechazo a la comida.

Emocionales

Suelen experimentar miedo al mundo, a ser rechazados. Se sienten incapaces de enfrentar la vida. Ese sentimiento se convierte en odio a su persona y al entorno, por lo que eligen rechazar antes de ser rechazados; suelen transmitir energía en su modo de vestir, de mirar y de relacionarse, por lo que a veces alejan a las personas. Este rechazo a los demás y el miedo al contacto puede verse en personalidades solitarias, que adquieren valor por medio de lo que hacen, son perfeccionistas en sus asuntos y les cuesta trabajo aterrizarlos. El miedo al contacto y la hostilidad que sintieron desde chiquitos conforma una personalidad ausente de muchas maneras, hundidas en el mundo intelectual, la música, las drogas, el alcohol, la creatividad, el arte, o el trabajo.

La elección de este niño fue evadirse para encubrir la falta de contacto primordial con sus padres y el entorno. Ese miedo se convertirá también en odio, que le da más fuerza. Es un modo de encubrir su miedo. Otras veces, en vez de miedo, prevalece la tristeza. Son personas con tendencia a deprimirse y a querer huir de este mundo por medio del suicidio.

Su mundo emocional está invadido por el cáncer del rechazo. Esa herida es de los dolores más difíciles de curar, porque está muy arraigada en la persona que lo siente, y el odio es un cáncer que mina su relación con él, con las personas y el mundo.

Mentales

Creen firmemente que no tienen derecho a existir, que no pueden enfrentarse al mundo con sus propios recursos porque carecen de valor. Tienen un mundo interno muy grande, suelen pasar mucho tiempo en sus propios diálogos mentales. Si es constructivo, puede ser una persona con una vida interna rica; pero si es destructivo, se acosará por lo que no puede o no es, o por miedo de enfrentar la vida.

Es inteligente, profundo, racional. Podría ser un gran científico, músico, escritor o dedicarse a cualquier actividad que requiera un mundo interno rico, un trabajo en soledad, de introspección y de ir profundamente al fondo de sí.

La anulación de su persona, la sensación de no ser querido, el miedo al contacto, la autopersecución y la propia descalificación, son sus principales venenos a nivel mental.

Las tareas de desarrollo inconclusas

La persona que vive rechazo desarrolla esta personalidad como una manera de sobrevivencia, de adaptación a la realidad. Sin embargo, hay tareas de desarrollo que no se completaron y esa personalidad no se permite completarlas, ya que, en realidad, lo aleja de la oportunidad de contacto.

La personalidad que se adapta a la realidad ya no cambia, siempre será parte de nosotros, por lo que una persona que desarrolló una personalidad a partir del rechazo, tendrá ciertos hábitos que le impedirán a veces completar las tareas pendientes.

Lo más importante es conocer en qué momento está activo el recurso del rechazo y no dejarse llevar por esa manera de ver la realidad. Para facilitarlo es importante completar las tareas de desarrollo pendientes y así disminuir la rigidez de la personalidad.

Tareas de desarrollo en el rechazo

Alicia es una mujer gay muy trabajadora; tuvo una madre depresiva y ausente, siempre se sintió chazada por ella. Su anhelo más profundo era ser aceptada y amada por su mamá. Su tarea de desarrollo inconclusa era ser alimentada, acariciada y aceptada por una madre. Hoy en día, a sus 42 años, todas las parejas que ha tenido comparten un perfil parecido: protectoras, mayores que ella, muy controladoras, muy mamás.

La relación empieza muy bien, a ellas les encanta la espontaneidad de Alicia y su modo de ver la vida ligero y divertido. Después, cuando la relación avanza y se requiere mayor adultez de Alicia, no sabe cómo actuar, ofrece muy poco en general, ella es una niña buscando mamá. No les da seguridad ni confianza, algo que toda relación madura necesita. Al final, sus parejas se cansan de su posición miserable hacia ellas, rechazan su forma de ser y abandonan la relación.

> Cuando permites que la personalidad herida maneje tu vida, lo único que generas es la confirmación del dolor original con nuevos actores, que casi siempre son la pareja, los hijos, personas significativas para ti.

¿Cómo dejaría Alicia ser gobernada por la personalidad herida?

Lo que le fue negado

El derecho a *ser* importante, *ser* acariciado, *ser* cuidado, *ser* alimentado. Y el poder de *hacer*.

Cuando Alicia se hizo consciente de su herida, comprendió que estuvo buscando madres, lo cual no le permitió desarrollar sus propias capacidades protectoras, generosas y comprometidas. Al buscar madres, descalificaba su madurez para ser su propia madre, lo que refuerza un sentimiento de incapacidad.

Hoy puede confiar en ella, lo que no hizo su madre; acepta sus capacidades y se responsabiliza de sus carencias. Es más consciente de ella y esto le permitirá crecer con su parte adulta.

Las tareas de desarrollo son muy importantes. En el caso de Alicia, debía lograr la relación consigo y con los demás para nutrir a esa niña que busca mamá, haciéndose saber que ella puede cuidarse y darse lo que necesita. Alicia necesitaba darse permiso de crecer. Cuando se sintió mejor asumió su responsabilidad como adulta, se comprometió con ella, se dio el derecho de ser importante para ella y se nutrió con una visión más positiva: el derecho de ser suficiente para tener un trabajo exitoso, una pareja comprometida, una vida aceptando más que rechazando el crecimiento. Era un derecho que sólo podía darse ella y, a su vez, eso le permitiría darlo en sus relaciones: cuando siembras algo en ti, de inmediato estás capacitado para darlo a los demás. Eso refuerza el nuevo hábito.

La palabra clave para Alicia es *aceptación* de sus fuerzas, carencias, condición gay, necesidad de ser cuidada. Aceptación no quiere decir resignación, sino que no peleas con lo que eres y estás comprometida contigo para un cambio paulatino de lo que quieres. Aceptarse, acompañarse, nutrirse, darse el derecho a crecer.

Permiso sanador: permiso a pertenecer

En esta herida, un proceso de sanación es completar las tareas de desarrollo. Ser reconocidos por lo que somos más allá de lo que hacemos. Ser tocados y nutridos. Aceptarnos y sentir que estamos bien como somos, que la vida también está bien.

Esto es una filosofía de vida, no es algo que podamos hacer en un taller y al lunes siguiente se terminó. Es un compromiso de todos los días. Así como el amor es una elección diaria, así la transformación de tu personalidad tiene que ver con aplicarte el antídoto todos los días.

Veneno de la herida de rechazo: rechazar
- Mis cualidades
- Mis capacidades
- Mi derecho a ser parte
- Mi necesidad de ser visto
- Mi derecho a ser importante

Cada que me permito generar ese rechazo en mi vida, la personalidad herida se refuerza. Es como darme a tomar tanto veneno que me lastima. Cuando reforzamos la personalidad herida, recreamos la misma realidad una y otra vez. Yo le llamo "correr en la rueda del hámster", pues parece que corremos y caminamos, pero en realidad no avanzamos.

Antídoto: cada que hago un compromiso conmigo para:
- Confiar en mi capacidad
- Nutrirme en lo físico y emocional
- Aceptarme como soy y respetarme
- Manifestar mis ideas y validarlas
- Darme el derecho de existir
- Escucharme y respetarme

CAPÍTULO

4

Abandono

El abandono es una condición que se da sobre todo en la infancia. Abandonamos a un niño, a un anciano, a un enfermo, pero no abandonamos a un adulto capaz y lleno de recursos. Unos padres que no proporcionan alimento, protección, afecto, estructura, casa y estabilidad, y permanecen ausentes en este proceso fundamental en un niño, lo abandonan. Un niño necesita padres que lo provean de todo lo necesario para crecer. Elegir ser padre es dar todo: alimentar y formar a un ser que estará desprovisto y será formado en lo que como padre puedas dar.

En muchos casos, el tema de la paternidad es inconsciente, solemos reproducirnos como animalitos, con poca conciencia real de la responsabilidad de educar y formar a un nuevo ser. Lo hacemos por instinto, porque "es lo que toca", por la pareja y por muchas razones lejanas a sentirnos listos para dar, amar, enseñar, acompañar a un nuevo ser.

> Una herida de abandono es una experiencia de soledad infantil, de vacío. Es una ausencia física, emocional y de aprendizaje. Esa ausencia genera una enorme angustia en el niño. Lo vive como una experiencia aterradora de soledad, miedo y desprotección.

Abandonamos cuando no ofrecemos las condiciones para que un niño sienta protección y afecto de un adulto. Abandonamos cuando somos padres-niños, no damos protección y estructura a los pequeños. Abandonamos cuando no les damos tiempo para jugar, acariciar, mirarlos a los ojos y hablar su lenguaje.

Abandonamos cuando no les ponemos límites ni estructura y dejamos que crezcan como quieran. Abandonamos cuando no comprendemos que son niños y debemos darles afecto, sentido de pertenencia y estructura emocional para crecer aptos para la vida.

Muchos crecimos con padres bienintencionados, pero ignorantes de lo que necesitamos. Esto puede generar un dolor de abandono en nosotros e incapacitarnos para crecer y alcanzar la autonomía.

Personalidad herida de abandono

Un adulto que vivió en el abandono crece físicamente pero en lo emocional queda atado a un sentimiento de soledad y vacío. La ausencia de los padres siembra un vacío muy fuerte en su interior y una posición de víctima. Es un niño de mirada triste, desprotegido e incapaz de hacerse cargo de sí. El niño se quedó atrapado en su cuerpo de adulto, con todas las necesidades inconclusas. Hoy se ve claramente en su mirada, en sus sentimientos de tristeza y en su visión de víctima de la vida.

La persona que tiene herida de abandono considera que los demás no la quieren, padece el síndrome del malquerido, en el que todo es interpretado y traducido desde la óptica de ese niño solo, que no fue valorado ni importante para sus padres. Tiene un sentimiento de tristeza permanente y suele establecer relaciones de apego y dependencia, siente que debe complacer, ser lo que esperan los otros, no decir lo que piensa, ni poner límites, hace todo menos caer en el riesgo de ser abandonado de nuevo. Tiene dificultades para sentirse cómodo con la autoridad. Las personas que representan una autoridad como jefe, líder, sacerdote, etcétera, lo hacen temeroso, con dificultad para relacionarse como adulto.

Suele depender mucho de sus relaciones, no sabe cerrar ciclos. Terminar y despedir son actos que lo conducen a un dolor primario que vive como niño, no como adulto. Son experiencias de mucho dolor porque pierde toda la fuerza y depende profundamente de sus apegos. Entonces, cuando las relaciones terminan, pasa por periodos de muchísimo dolor, no sabe salir de los duelos. Prefiere humillarse, evadir los finales antes de volver a experimentar el dolor del niño interior abandonado.

La herida de abandono provoca una necesidad de hacerse uno con el otro. Las personas que sienten abandono tienen problemas de pérdida de identidad, se acoplan al otro, son lo que el otro espera, se fusionan con sus hábitos, gustos y ambientes. Así, toda su identidad está en relación con el otro, y cuando eso ya no funciona, no pueden poner punto final y retirarse dignamente. Hay tanto en juego, que no saben quiénes son ni cómo vivir la vida sin el otro del cual son parte.

Muchas personas con esta herida se victimizan, es algo muy adictivo: el drama de sufrir, llorar por amor, sentirse abandonado y triste. Creen que tienen derecho a sufrir y sentir que los demás deben ayudar, dar y proteger. Demandar y después enojarse con la vida porque continúan abandonados. Es un drama muy adictivo, siempre buscarás sentirte así, ése es tu derecho, tu vicio, tu necesidad.

Salir de la posición de víctima es de las tareas más difíciles para sanar, porque la persona víctima creó supuestos derechos sobre los otros, sus hijos y la vida. Todos tienen una deuda.

La falta de estructura es otro de los grandes retos de esta herida. Una persona que no tuvo límites, disciplina, deberes y obligaciones, fue abandonada. Entre las obligaciones de un padre está lograr que su hijo tenga un sistema de disciplina y autoridad que, cuando crezca, le permita respetar a la autoridad y, a veces, ser su propia autoridad.

Los padres-niños suelen no tener autoridad o una autoridad muy rígida. En términos de crecimiento, es mejor tener un padre con autoridad rígida, porque la disciplina desarrolla una personalidad con capacidad de empezar, terminar, ordenar, tener metas y cumplirlas, permanecer, perseverar. El problema de este tipo de autoridad es la procedencia de un padre-niño injusto. Lo mejor de todo esto es la autoridad desde el adulto, y con amor. Esa es la combinación perfecta en la educación.

También hay padres que no dan estructuras, o sea, que no imponen horarios para nada, que permiten hacer lo que sea porque no hay consecuencias ni deberes; con padres así, puedes hacer o no la tarea, limpiar o no, comer cuando quieras, lavarte los dientes o no. Hablamos de papás ausentes en su autoridad y estructura.

Muchos padres que trabajan y no se hacen cargo de la disciplina de sus hijos crean pequeños incapacitados para la vida, crecen sin respeto por la autoridad y sin capacidad de sostener metas y disciplinas. Siempre están a expensas del dinero de papá, sintiendo que lo merecen todo, pero no tienen la capacidad y la estructura. Crecen con todo resuelto y, al final, están abandonados. Hay dolor y ausencia.

> Un padre que disciplina nos dice que nos ama. Es otro lenguaje del amor. Un padre así está al pendiente de nosotros, se toma el tiempo para hablar e imponer consecuencias, da seguimiento y te asegura que la actitud cambia. Es cierto que educar requiere tiempo y energía. Muchos jóvenes encubren su soledad con indisciplinas, fiestas y poco compromiso.

Todo lo que crece requiere disciplina, ser autoridad de mí, expresada en cumplir metas, pararse temprano, ponerse límites, hacer una dieta, etcétera. Podemos ser buenos iniciando cosas, pero después la estructura desarrollada no se sostiene. Esto se podrá mejorar, crecer en ti, en la medida en que logres vencerte y respetes tus límites y disciplinas.

Así, serás una persona cumplida y capaz de responder por tus retos y propósitos. Esto es un proceso de maduración que lleva su tiempo y requiere atención. A veces, tener un jefe, un *coach* o hasta una pareja disciplinada es muy bueno cuando buscas aprender e integrar esa parte que puede crecer en ti.

He observado que algunas personas con la experiencia de abandono, en ciertas áreas de su vida son muy disciplinadas, ordenadas y autoexigentes. Esto se debe a que ante la ausencia de autoridad y estructura, la decisión de su niño interior para tener orden y seguridad fue ser su propia autoridad. Vivieron el abandono de sus padres como una realidad injusta y adoptaron una personalidad de injusticia y no de abandono. Más adelante describiré la personalidad de injusticia, por si te sientes identificado con la herida de abandono. Recuerda que es una actitud autoexigente y rígida, que pudo ser tu forma de salir y adaptarte a tu realidad.

El abandono es una herida muy común, sobre todo en la cultura mexicana, donde no hay autoridad. Los padres suelen ser proveedores o estar presentes, pero desde una posición femenina, y no desde una sana autoridad que nos proporcione una estructura amorosa. Esto queda muy claro en el poco orden y respeto por los límites y las estructuras, así como en la poca capacidad de disciplina.

Las heridas también son experiencias colectivas que las culturas vivimos. Los padres son la autoridad, cada uno con su energía. Sanar el abandono implicaría levantarnos de una posición de víctima y dejar de culpar a los gobernantes por lo que no somos. Crecer y ser adultos capaces de comprometerse y ser responsables con lo que generamos, saliendo de posiciones infantiles.

Personalidad de abandono

Características físicas

Nunca son literales ni corresponden a un manual. Por cada herida hay un típico patrón físico, pero para cada persona es diferente en la medida que sea más ella. El cuerpo cambia de manera lenta, pero cuando hacemos cambios internos muy fuertes, el físico se adapta a ese cambio. Todos expresamos lo que somos física, emocional y mentalmente. Cuando nos expresamos desde la personalidad herida, la mayor parte del tiempo será una máscara más arraigada en nosotros la que hable, nuestro físico será más parecido a las características físicas del patrón de dolor.

La persona con herida de abandono lo expresa físicamente con un cuerpo flácido y sin tono muscular. La falta de estructura también se manifiesta a nivel físico con hombros y pechos caídos, o pecho hundido, joroba, posición de poca autoridad y seguridad, ojos tristes como niño que pide protección, semblante desprotegido. Es un físico abandonado y con poca fuerza.

Emocionales

La tristeza es la emoción más frecuente. El síndrome del malquerido lo hace sentirse solo, desprotegido, molesto con la vida que no le dio lo que a todos los demás. Es una persona enojada por ese sentimiento de deuda, por ese supuesto derecho de que la vida le debe porque nunca tuvo lo que necesitaba, fue abandonado. Eso lo hace colérico e irascible, una persona que reacciona con actitudes fuera de control, como los celos frecuentes, los berrinches o modos de ver la vida como problema muy complicado e irresoluble.

Es manipuladora y experta en hacer sentir a los otros responsables de ella. Suele pasar facturas inconscientes por todo lo que hace, generando deudas en las personas a su alrededor y asegurándose de que dependan de ella lo más posible porque también así controla.

Creencias

Le cuesta mucho ver su responsabilidad y las realidades como adulto. Cree que todos son responsables menos él, que la vida le debe amor, protección y le debe pagar. Necesita a otros para sobrevivir y no logra nada. Piensa que las cosas son difíciles de cambiar y debe aguantar aunque ya esté harto. Cree que debe mutilarse para ser amado porque todos lo van a abandonar, que no es valioso ni capaz. Piensa que amar significa perder la identidad y fusionarse con el ser amado.

Tareas de desarrollo inconclusas

Elisa es madre soltera, en una relación con un hombre casado quedó embarazada y la abandonó. Es la misma historia de Elisa, su papá abandono a su madre cuando ella tenía tres años. Para ella la presencia masculina no existe y hoy cría a su hija. Es una mujer que trabaja mucho para sacar a su hija adelante, pero no está con ella pues trabaja todo el día, su madre se hace cargo de su hija. Pasa los días quejándose por dinero, por los hombres —casi siempre casados—, con la vida tan dura que le tocó vivir.

Elisa no se da cuenta de que todas las elecciones construyen la realidad que vive, desde hombres casados, hasta la autoestima y respeto por ella, que hoy transmite a su hija, hablándole mal de los hombres y quejándose de ser usada y abandonada por ellos. Elisa reproduce las tareas inconclusas con sus padres, lo que aprendió de sí. El derecho a ser importante, protegida, respetada, sentirse confiada en crecer y tener lo que ella necesita, acompañada y respaldada.

Las creencias aprendidas de falta de protección, presencia amorosa y cuidados, hacen que veamos el mundo sin esos nutrientes.

Ella los anhela y los desea más que nada en este mundo, pero no están dentro de ella, se siente una persona menos valiosa que las demás por ser hija de un alcohólico y por todas las carencias de su infancia. Ella no se siente orgullosa de sí. Está deprimida por la vida que le tocó, sin darse cuenta de que todo lo eligió.

La primera que se abandona es Elisa, abandona a su hija perdiendo la oportunidad de darle una vida diferente y sanar a su propia niña interior por medio de su hija. Elisa se abandona cuando permite que la usen y no pone límites de respeto con los hombres. Elisa se abandona cuando no va al médico. No se da espacios, no cuida su salud, vive en un abandono crónico y así le enseña a su hija que la vida se padece, que ella la sustituirá en la carrera de la vida.

¿Cómo haría Elisa para dejar de ser gobernada por la personalidad herida?

Lo que le fue negado

El derecho a ser valiosa, a sentirse segura y protegida por un adulto, a crecer con confianza de que si se cae, ahí estará papá para levantarla, a respetar sus necesidades, a separarse con la confianza de que tendrá respaldo. También le fue negado el derecho a una presencia adulta que le dé límites, estructura, confianza y afecto para crecer, sabiéndose valiosa y capaz para la vida.

Elisa puede salir de ese círculo donde parece estar atrapada, en la medida en que se mire, en que se perdone por reproducir los lazos de dolor y lo que ha hecho para ser amada. Elisa necesita creer que es capaz de cambiar su realidad y mirar sus necesidades aprendiendo a llenarlas con respeto y conciencia. En la medida que deje de abandonarse como lo hicieron sus padres, se mandará un mensaje muy distinto.

Necesita reestablecer al padre perdido, ausente que le negó la posibilidad de límites, estructura y responsabilidad. Es fundamental poner a ella y a los otros límites de respeto. Restablecer al padre perdido es darse protección, compromiso, respeto por sus necesidades, acompañamiento en sus proyectos. Las palabras clave para Elisa es *darse el derecho* a ser valiosa y comprometerse consigo, responsabilizándose de las realidades que construye. Ésa es la mayor tarea de desarrollo para equilibrar la personalidad abandonada y no abandonarse ella misma.

Permiso sanador: permiso a crecer y dejar de ser niñ@

El intento desesperado de encontrar el amor, de que llegue a tu vida esa persona que no te abandonará y se comprometa, no resolverá el problema de fondo. Buda decía: "Somos lo que pensamos y con nuestros pensamientos construimos la realidad." Una persona que piensa que es poco valiosa, que no merece ser querida y se rechaza, aunque llegue alguien que la ame, ella tendrá actitudes negativas que enseñarán al otro cómo debe ser tratada.

En la dinámica de todos los días transmite ese poco respeto a ella y esa falta de compromiso con su bienestar hasta que el otro termina viéndola como ella se ve. Nosotros enseñamos a las personas que nos rodean cómo tratarnos, con los límites, la comunicación, la manera en que nos respetamos y respetamos a los otros.

No tenemos cómo recibir lo que no está en nosotros. Por eso la sabia y trillada frase: "Para que te amen, ámate primero tú", es una verdad que no entendemos a fondo. Comprométete contigo para dejar de aplicarte este veneno y tu forma de vibrar energéticamente cambiará atrayendo mejores realidades.

Veneno y antídoto para sanar la herida

El veneno en la herida de abandono es:
· Olvidar tus necesidades e ignorar el valor por ti.
· Tener relaciones de dependencia.
· Sentirte una niña incapacitada para la vida.

- Sentirte una víctima de las circunstancias.
- Cuando abandonas tus sueños.
- Cuando permites abandono y abuso.
- Decir y no hacer, aferrarte a la incongruencia.

El veneno de la personalidad son esos hábitos que refuerzan la posición de dolor y endurecen la armadura de la personalidad. Dejar de consumir el veneno es difícil, dejar de elegir lo que hicimos tantos años es un proceso de paciencia y amor propio.

> Todas las victorias cotidianas son antídotos para el veneno. Hay que aprender a reconocernos y festejarnos, aunque al día siguiente vuelvas a inyectarte el veneno.

El reconocimiento a ti mismo es algo muy importante.

Antídoto: inyecciones efectivas a mi personalidad herida:
- Compromiso con lo que siento, digo y necesito
- Responder con adultez y responsabilidad
- Esforzarme por terminar lo que empiezo
- Tener disciplinas que respeto
- No ser tan autocomplaciente
- Ver lo bueno en mí, en los otros y en la vida
- Bajarle a la queja, dejar de creer que todo está mal

El antídoto es sentirte el/la mejor madre-padre para ti, desarrollar la capacidad de respetarte, comprometerte contigo y amarte.

5

Humillación

Esta herida está muy relacionada con la vergüenza de la familia en que vivimos. Es una experiencia colectiva y heredada de la humillación y la pena. Sentir vergüenza es sentir que soy persona poco digna, que algo está disminuido en mí y debo hacer algo para cubrir esa falta de valor. Las situaciones típicas de vergüenza son el color de piel, la pobreza, el alcoholismo, el abuso, la disfuncionalidad en las familias; los secretos que no se expresan de la familia, como el hermano gay, la hermana que se droga, la tía que se suicidó, las peleas de nuestros padres, las deudas, en fin, todos esos secretos conforman una personalidad que te hace senti inadecuada, no digna, que algo está mal en tu *ser*.

Esta manera de verse se copia casi siempre de la madre. Ella transmite la vergüenza por lo que somos. O se vive así por la incapacidad de expresar lo que sientes respecto a una realidad familiar humillante.

Como dije, puede estar presente en el sistema familiar, en la madre, pero también de modo personal. Quizá sea una herida que no tenga el sistema, o por alguna experiencia de abuso sexual, algo típico en esta herida. El silencio en torno a la experiencia de abuso y la vergüenza que genera en la víctima provocan una herida a nivel individual y no de sistema. Todo lo innombrable, lo secreto, lo no expresado, lo oculto de la realidad que vivimos, genera vergüenza, porque lo hacemos todos, o la mayoría de los familiares, o porque lo mantenemos en secreto, sintiéndonos poco dignos.

El silencio es el peor de los venenos, siempre va envuelto en dolor, enojo, tristeza, y se queda atrapado en el cuerpo y la mente. Como cuando comes algo descompuesto, de inmediato debe ser expulsado.

El problema es que el secreto está alojado en la psique y nosotros debemos darle salida. Al no encontrar cómo sacarlo, elaboramos conductas compulsivas que nos hacen sentir alivio o nos dan protección ante eso que tragamos y sabemos desahogar.

Recuerdo el caso de una paciente que padeció abuso sexual de su abuelo. Ella vivía con sus abuelos y él por las noches se acostaba en su cama, acariciaba sus genitales y sus pechos. A la mañana siguiente no podía ver a los ojos a su abuela, sentía que era responsable, desleal a ella, la que la cuidaba y alimentaba, como si fuera su madre. Esa situación duró muchos años. La enorme vergüenza creció reflejándose en su cuerpo obeso, que no cambió hasta que sacó del alma este dolor. El trabajo de psicoterapia la ayudó a expresar su ira, su enojo, su vergüenza. De manera paulatina, su obesidad se convirtió en sobrepeso, hasta dejar los hábitos que encubrían su vergüenza.

> Toda herida encierra un dolor y sólo puede curarlo un psicoterapeuta. Cuando curamos el dolor de la herida, hay que desaprender los malos hábitos que encubrían ese dolor.

Al sacarlo es mucho más fácil cambiar los hábitos porque ya no encubren dolor, sólo quedan como cascarones que requieren tiempo y energía para cambiar, pero no son defensas vivas, lucha contante entre las fantasías de desprotección y la necesidad de cambio. El silencio siempre consume energía, la vergüenza siempre debe ser encubierta.

Personalidad herida de humillación

La persona que la desarrolla, por un lado siempre encubre algo y, por el otro, se siente una mala persona por lo que oculta Tiene una personalidad complaciente, generosa y busca ser aceptada y agradable a toda costa. Es como una mamá o un papá protector con sus amigos y familiares. Resuelve problemas, escucha a los demás, pone su atención en todo lo que los demás necesitan y es capaz de hacer cualquier cosa por sus amigos, aunque esto le genere un conflicto de valores, de tiempo, dinero y esfuerzo para ella.

No nos confundamos, él o ella no es la madre Teresa de Calcuta, en realidad es una persona con actitudes compulsivas de complacencia para ocultar el sentimiento de falta de valor de sí o la vergüenza de ser ella. Es el pago para ser aceptada por todos, porque ella se rechaza. Además, las acciones que realiza por los otros siempre esperan una recompensa que tiene que ver con hacer lo que quiere, seas lo que espera.

Vive en un estrés constante por resolver, cuidar y cargar los problemas de todos, a la manera de una ambulancia. Si alguien tiene algún problema, aunque no se lo pidan, buscará cómo resolverlo. De manera automática, su mente, como cazadora de problemas, no se cuestiona sino que centra toda su atención en los otros, está dispuesta a resolver y así ganar aprecio.

La codependencia hace a la persona incapaz de mirar sus necesidades. Sufre un abandono muy significativo, por lo que desarrolla una herida conjunta que es la de abandono. La persona que tiene la herida de humillación también presenta la de abandono por el sentimiento de poca valía personal por la humillación.

Otro aspecto de esta personalidad es el desarrollo de hábitos masoquistas. En esta incapacidad de mirarse y cuidarse, se desconecta de sus necesidades y encuentra una forma de infligirse un dolor que le da cierto placer. Cuando no estamos orgullosos de nosotros, nos sentimos indignos y culpables, tendemos hacia la actitud de hacernos pagar. Es un rechazo hacia uno que hace sentir placer al castigarnos y creer que lo merecemos por ser una persona indigna. Pienso en los curas que, al sentirse indignos, se daban latigazos para castigarse. Al estilo de estos curas, la persona enferma de humillación se castiga y encuentra, como todo masoquista, dolor en el placer.

El autocastigo puede estar detrás de hábitos como fumar, aguantarse para tomar agua para hacer pipí, no ir al doctor, soportar relaciones de abuso, pagar las cuentas de otro, comer como desesperado, tener sexo doloroso, ser el payasito de la fiesta, en fin, ¿dónde está tu autocastigo?

La relación con su madre suele ser de atadura y poca libertad. La siente como un peso, una responsabilidad, alguien que condiciona su ser y a la cual debe complacer, cumplir sus expectativas. Cuando una madre tiene mucha vergüenza, transmite esa información a sus hijos por medio de hábitos de alimentación poco sanos, define poco valiosos a sus hijos, siente vergüenza por ellos. Esa información llega a ellos, quienes, inevitablemente, se enfermarán de vergüenza. Pueden encontrarse en una típica familia de obesos, solitarios, solteros y controlados unos por otros, sintiéndose poco dignos, como su madre los veía desde su vergüenza.

Recuerda que la personalidad herida se forma cuando las realidades dolorosas están presentes de modo constante hasta que se asientan. Si alguna vez te sentiste muy avergonzado quizá se instale una memoria de vergüenza, sin que esto afecte por completo tu personalidad.

La sexualidad es un área de prejuicios y puede llevar al masoquismo, a vivir el sexo como algo malo, sucio o vergonzante. También puede hacerte sentir culpable por sentir placer, por ser acariciado, muchas personas con esta herida relacionan la sexualidad con lo malo, lo sucio, el abuso.

La herida de humillación

Características físicas
Un cuerpo graso, sobrepeso en vientre, espalda y abdomen. La combinación con la herida de abandono hace un cuerpo

regordete, con partes flácidas y caídas. La cara redonda y la mirada de niño. Cuello grueso, espalda ancha y jorobada. Padecen mucho dolor de espalda por el peso que cargan. Recuerda que las características físicas suelen cambiar según qué tanto vivas desde la personalidad herida y qué tan fuerte seas en tu día a día. No obstante, todo se expresa en tu cuerpo.

Emocionales

Se responsabiliza de las personas y vive mucho en la culpa. No sabe ser libre y estar a cargo de sí y de su felicidad, hay una vergüenza de ser quien es muy profunda, esto le genera una deuda con los demás, lo que no le permite sentirse en paz si alguien tiene alguna necesidad.

Cuando te mueves desde la culpa, también hay mucho enojo, necesidad de castigarte o sacrificarte. Vives hábitos autorrestrictivos, por ejemplo, nunca tienes tiempo para descansar, para darte el gusto de algo, para hacer lo que te hace feliz. Vives siempre en el deber, resolviendo cosas de quien la necesita.

Experimentas mucho abuso por todo lo que permites, lo cual también te hace vivir en la tristeza y el desamor. Sueles tener vínculos con mujeres, a las que atraes de manera inconsciente, como una forma de control. Odias el control, pero al final lo propicias por falta de límites, actitudes pasivas y relación no resuelta con la madre, quien también te controlaba.

Creencias

El complejo de ambulancia está muy presente en esta persona. Debe tener un gran cuidado si se dedica a actividades de altruismo porque puede ser un lugar muy cómodo para olvidarse de ella.

> Mientras más grande sea tu herida, más vives con el niño a flor de piel. Cuando vives así, se nota mucho en tu mirada, presentas un semblante de soledad y anhelo de afecto.

En esta herida, el niño se ve en su constante sentimiento de vergüenza de ella o de los suyos. Por ejemplo, siente vergüenza por sus hermanos, pues piensa que son menos valiosos.

He observado a muchas personas con herida de humillación oculta bajo una máscara de herida de injusticia, que ya mencionaré. No coinciden en muchas características físicas, de hecho, no comparten prácticamente nada físico, pero sí muchas actitudes de culpa, autocontrol, poca libertad y problemas de control con la madre.

Recuerdo a una paciente con una clara herida de injusticia física, pero en todo lo que me platicaba —su falta de libertad, la culpa con sus hijos, la posición de ambulancia con el padre desempleado de sus hijos, su posición de mediadora con sus amigas, la relación con su jefa controladora, etcétera— había una expresión de la herida de humillación e injusticia oculta. O sea, físicamente presentaba herida de injusticia e internamente de humillación.

Las creencias detrás de estas actitudes son: no merezco, no tengo derecho a ser libre, a ser yo misma. Puedo ser valiosa en todo lo que hago pero no lo permito. Mis necesidades no son importantes. No merezco ser respetada.

Tareas de desarrollo inconclusas

Claudia creció con su madre, su abuela y las hermanas de su madre, que se embarazó y nadie sabía quién era el padre, por lo que fue criada como una hija más. Todas actuaban como sus mamás pero su mamá no, en términos de educación y como proveedora; más bien era como su hermana y su madre su abuela, pero a veces exigía a la madre de Claudia ser madre y, por momentos, no se lo permitía. Todo era muy confuso para Claudia porque, por un lado, todos educaban, todos eran padres, pero, a la vez, nadie estaba realmente comprometido.

Claudia tenía una abuela fuerte que controlaba todo el sistema de mujeres solteras, arriba de 30 años, dependientes económicamente y enojadas unas con otras. Claudia aprendió rápidamente las reglas del sistema: sobrepeso, pasividad, control, victimismo, culpa, vergüenza. Ella jugaba con sus amigos el papel de rescatadora. Tenía un amigo del que estaba enamorada y él sólo la explotaba, le pedía dinero y favores, y la usaba para cualquier cosa que necesitara. Ella tenía la eterna fantasía de que él algún día se enamoraría de ella con todo lo que hacía, cómo lo cuidaba, lo escuchaba, etcétera. Al final, resultó una historia conocida para Claudia, pues ya había vivido muchas relaciones de ese tipo con hombres que la usaban y al final la abandonaban. Con ello repetía la misma historia de dolor y abandono de su padre, por un lado, y de humillación con todo el sistema familiar de la madre, por el otro.

¿Cómo podría Claudia sanar la humillación y empezar a ser ella?

Le fue negado el derecho a tener un padre y una madre que se hicieran cargo de ella, que se comprometieran con su educación. Le fue negado el derecho a sentirse importante, tener un lugar dentro de la familia, vivir con orden y estructura de hogar.

Claudia heredó la vergüenza de la abuela que le transmitió a sus hijas y, a la vez, aceptó una alianza con los hombres que no se comprometen, están ausentes y donde las necesidades de afecto nunca se llenan.

Esa es una vergüenza del sistema. La abuela estaba muy enojada con los hombres, ya que había sido abusada sexualmente por su abuelo, en su infancia, y abandonada por su padre. Nunca se sintió valiosa, respetada y por tanto odiaba a los hombres. Se casó con un hombre siempre ausente y frágil que murió joven y la dejó sola con todas sus hijas pequeñas. Esto era transmitido a todas, parecía que no había hombres para los que fueran valiosas.

A Claudia le fue negado lo mismo de lo que carecía todo su sistema: ausencia de padre, madre sin derecho a ser amada, cuidada, respetada, y con un sentimiento de autoestima casi nulo.

La palabra clave para Claudia es *conciencia* de su valor, compromiso y respeto de ella para ella, con lo que ella necesita, siente y piensa. Todo nace de un sentimiento de vergüenza, un modo de sentirse inadecuada y carente de valor. Al desarrollar esa relación consigo, que le haga ser consciente de sus necesidades, comprometerse con ellas y transmitir límites y respeto en la relación con los demás, se da el derecho que le fue negado y para toda su familia no existe.

Permiso sanador: permiso para ser libre

Cuando somos capaces de darnos lo que tanto nos faltó, completamos una necesidad y nos habilitamos para recibir eso mismo de los demás. La primera forma de respeto es contigo y después con los demás. Podemos construir vínculos afectuosos y respetuosos que nos den un lugar, que nos provean de afecto y sana pertenencia, y nos traten con respeto. Sanamos también en cuanto a relaciones, pero primero en lo individual. Cuando iniciamos con nosotros, nos capacitamos para recibir; cuando no lo hacemos, carecemos de capacidad para retener lo que otros nos ofrecen.

> Cuando establecemos alianzas con el sistema familiar, salir de esos hábitos es un reto mucho más fuerte. Es muy importante tener paciencia, salir de la posición

> de víctima y construir poco a poco, en la relación
> contigo y el trato con los demás, el respeto y el valor.

No tengas miedo a no pertenecer a tu sistema. Salir del patrón a veces nos hace sentir que ya no somos parte de ellos pero hazlo por ti y por todo tu sistema, porque en la medida que salgas de ese patrón, cambiarás los modelos de todos los que vienen detrás de ti.

Veneno y antídoto para sanar la herida

El veneno de tu personalidad es:
- Ignorar tus necesidades
- Hacer por otros lo que no eres capaz de hacer por ti
- No poner límites y permitir abuso
- Sentirte una víctima de los demás sin hacerte responsable de lo que permites
- Ayudar a los demás a costa de ti
- Criticarte, humillarte y compararte
- Estar atrapado en tus actividades
- Tus posiciones pasivas de aguantar y aguantar

El antídoto de tu personalidad:
- Generar espacios para disfrutar en libertad
- Aprender a escuchar y respetar tu cuerpo
- Ir al doctor, cuidar tu salud
- Enfocar lo valioso de ti y sentir orgullo por eso
- Ponerte límites y a los otros
- Crear relaciones adultas en libertad

En todas las heridas, lo negado es el afecto, la pertenencia, el compromiso, la seguridad. Todas las heridas son hijas de la ignorancia, la falta de conciencia y el amor. Las tareas de desarrollo son tareas de amor y compromiso contigo. Cada una de las heridas genera distintos comportamientos ante el desamor y tiene tareas de desarrollo diferentes, aunque el objetivo sea construir ese afecto, identidad y pertenencia que tanto te faltó para desarrollar autoestima.

Al final estoy convencida de que todo es evolución. Heráclito afirmó que "El conflicto entre los opuestos es la base de toda existencia." El conflicto de vencer lo conocido, sanar las heridas, librar una batalla con nuestros miedos, ese conflicto que para nadie es fácil, será la base de la existencia. Al sanar las heridas no reparamos un error, somos partícipes de la evolución, del movimiento y del crecimiento común a todos, aunque no todos estemos enterados. Todo es perfecto si lleva el objetivo de crecer, aprender y evolucionar.

Nuestros padres dieron lo que tenían. En esta herida, algo muy importante es aprender a ganar el orgullo familiar; cuando te avergüenza tu madre, padre o familia en general, no hay posibilidad de sanar. Una tarea de desarrollo del sistema es dejar de crear vergüenza y trabajar para recuperar la herencia positiva.

Siempre hay esfuerzos que no se contemplan ni se valoran en todos los integrantes del sistema. Uno no puede curarlos pero sí curarse a sí y, con ello, abrir otras posibilidades a quienes están y a los que vendrán.

CAPÍTULO

6

Traición

La traición es un sentimiento profundo de dolor porque la vida y las personas no son como se espera. Es sentirte sin brújula y lleno de incertidumbre. Vivir con un sentimiento de traición en el alma es vivir con una falta de fe y confianza, con miedo a que las personas te lastimen, lo cual te pone a la defensiva hacia todo y todos.

Cuando somos niños y perdemos la fe en nuestros padres, la vida no marcha bien. Cuando pensamos que nuestros padres-héroes nos cuidarían y amarían, y hacen todo lo contrario, nace el sentimiento de traición. Cuando se cae la imagen de uno o ambos padres ante nuestros ojos; cuando en una etapa de la vida pierdes la visión de respeto y amor por tus padres, o alguien importante en tu vida, como un abuelo o hermano mueren, el dolor construye la herida de traición y crea la máscara que cubre la personalidad, llenándote de miedo y defensas.

La herida de traición también es una experiencia de incertidumbre. Para un niño, el entorno estable y predecible incrementa su confianza y ocupa su energía en crecer, con la paz y la tranquilidad de saber que es cuidado y protegido, que no corre peligro.

> Cuando un niño se siente en peligro, cuando percibe a una madre ansiosa e incapaz de darle paz, crece su incertidumbre y su angustia. Nace la traición como una forma de miedo a la amenaza.

Esto puede ser algo real. Si hay una crisis en la familia, él la percibe, por ejemplo, si la madre no le transmite paz.

Cuando no hay equilibrio, se busca. Pero, como niños, ellos no razonan que su madre es una perfeccionista, que no se permite equivocarse, no son capaces de ese razonamiento, pero sienten estrés y falta de paz. Un entorno lleno de miedo puede desarrollar la herida de traición, ya que no se experimentan paz ni confianza, así como una incapacidad de confiar en el entorno y los demás.

Los ambientes poco estables para un niño incrementan su angustia y le impide generar confianza; están llenos de prisa por crecer, ser adultos, sentirse bajo control.

En suma, la herida de traición es pérdida de confianza en alguna persona, en la vida, en uno mismo o en todo, porque las cosas no fueron como pensaste. Por ejemplo, tu padre tenía otra familia, o creciste en un entorno caótico y poco estable, con un padre alcohólico que ponía a todos en conflicto, bajo miedo y angustia.

Es muy común que los hijos de alcohólicos desarrollen esta personalidad de traición. Son personas expuestas a la incertidumbre que da un alcohólico, a los cambios de humor, a las crisis, a la ausencia de padre, a su incapacidad de dar protección y estabilidad. La realidad de un hijo de alcohólico es muy dolorosa, siente mucha incertidumbre sobre qué pasará si el padre bebe.

Hay hijos que ante el abandono de sus padres y la enorme incertidumbre que provoca su ausencia desarrollan ambas heridas, de abandono y de traición, éstas le impiden tener seguridad y control, y crecen asumiendo las responsabilidades que no les corresponden. Para un niño esto es muy dañino, por ejemplo, cuando un pequeño no puede completar sus etapas de juego, creatividad, fantasía y libertad, fundamentales para ser adulto.

Gracias al niño juguetón que fuimos encontramos felicidad en esta vida y crecemos como adultos, sintiendo el derecho de ser libres, creativos, con capacidad de soñar. La infancia robada es un tipo de crimen, se pierde la alegría de vivir y se entra a una etapa de defensa y razonamiento que no te corresponde, donde te será más difícil sentir la alegría y el amor cotidianos, porque todo es deber y la vida adulta tiene poco espacio para sentir gozo natural.

Personalidad herida de traición

La persona que la desarrolla tiene una gran necesidad de control. La incertidumbre y la falta de confianza construyeron una personalidad con muchas defensas y, sobre todo, con una gran necesidad de controlar a las personas y las situaciones, de tal forma que siempre busca controlar, que las cosas sean como dice, como piensa que deben ser etcétera. El control es una forma de sentir confianza porque aprendió que si lograba que las cosas fueran a su modo, disminuía el miedo y la incertidumbre.

Para ser un controlador, debes desarrollar muchas habilidades. No es fácil controlarlo todo. Una de las defensas más importantes en un controlador es la mente rápida, que le permite leer lo que pasa en su entorno e imaginar qué pasará para controlarlo. Su mente siempre piensa en lo que podría ir mal, en que le pueden mentir, en correr peligro, y permanece en un estado de alerta constante.

Otro hábito de la mente de un controlador es el complejo de adivino. Un controlador cree que puede leer la mente de las personas, que sabe lo que pasa por sus cabezas, incluso mejor que ellas cree leer en su mirada las mentiras e imagina con claridad lo que planea la gente. Su mente es paranoica, siempre busca lo oculto, lo que no cuadra, lo que en realidad quieren decir; no confía en nadie y cree que cualquiera puede mentirle o verle la cara. Se clava tanto en la mentira y en la paranoia, que vive las cosas en su cabeza como si ya hubieran pasado; ve a su esposa engañándolo o a su compañero de trabajo conspirando en su contra, cuando nada de eso es real.

Siente tanta desconfianza que prefiere plantearse estos escenarios y prevenir para que la realidad no lo tome por sorpresa, porque sabe que la persona con herida de traición no sabe lidiar con la incertidumbre y las cosas que se salen de su control. Entonces, prefiere pensar lo peor, pero no se da cuenta de que con esto vive realidades que no suceden de modo objetivo y, al reproducirlas en su mente, reafirma su traición una y otra vez. La cabeza no distingue entre verdad o ficción; cuando lo piensas en tu cabeza, lo vives y se producen emociones que reafirman tu posición de defensa.

Una persona controladora cree que siempre tiene la razón. He de aceptar que los controladores pasan tanto tiempo interpretando y buscando la mentira, que se vuelven perceptivos. De pronto, podrían darse cuenta de cosas que nadie percibe, pero eso no quiere decir que siempre tengan razón y que sus miedos y paranoias son ciertas. Todo depende del grado de dolor que ocasione su herida y ése será su nivel de desconfianza y neurosis, de pensar que las personas y las cosas son como ellas o ellos creen.

Para una persona con herida de traición, todo tiene un sentido oculto. Es otra forma de control. Cuando creamos expectativas, sentimos que controlamos lo que pasa o lo que hacen las personas; las altas expectativas son una fuente de traición constante, sobre todo cuando son para controlar. Todos podemos tener expectativas, pero la persona que lo hace desde el dolor de la traición, si las cosas o las personas no son como esperaba, no sabe adaptarse a la realidad, se frustra, se enoja, no sabe disfrutar lo que hay y siente que la han traicionado.

La persona recela mucho de su pareja, de sus hijos, de sí, de las vacaciones, del trabajo, y cree que tiene la razón todo el tiempo. De la misma manera cree que sus expectativas deben ser cumplidas, no permite equivocaciones y no sabe lidiar con la frustración si las cosas no son como piensa. Es un niño herido al sentir que los demás son diferentes a como él o ella los idealizó.

Para la persona con esta herida, mentir o que le mientan tiene mucho peso. Desarrollan fobia a la mentira, por los deseos no cumplidos;

cuando ve la carencia en las personas que ama, se siente engañado, siente que todo fue mentira. No construyen relaciones verdaderas, ni aceptan a las personas como son, exigen perfección. Con el tiempo, las personas se cansan y se alejan de ellas, de sus expectativas y su control.

> A una persona con herida de traición le cuesta mucho trabajo aceptar la vulnerabilidad y vivir una relación íntima, no sabe poner el alma en las relaciones ni ser él mismo. Hay una confrontación muy fuerte entre ellos y las personas por su miedo a ser traicionado y les cuesta mucho abrirse a los demás.

Cuando dan su confianza son como niños idealizando a las personas, y como todos somos imperfectos, ellos vuelven a ver que el otro no es digno de su confianza y se vuelve a cerrar. La única forma de aceptar que somos vulnerables será sanar la herida para abrirse como adulto, entendiendo que las personas son como son y esto enriquece su vida.

No todo es malo en estas personas. Pueden ser buenos organizadores por su capacidad de control. Son buenos para ser jefes y líderes, casi siempre tienen buen trabajo; son eficientes y muy capaces en lo que hacen. Suelen tener físicos atractivos y prestan mucha atención a su imagen. Tienen mucho magnetismo, se les ve como personas que generan confianza, como si supieran todo y pudieran controlarlo.

Cuando las cosas no son como esperan, son coléricos y desesperados; les chocan las personas que resuelven las cosas de manera diferente a ellos, o a distinto ritmo, pues no se aceleran como ellos.

Pueden ser muy manipuladores, seductores, protectores; se acercan a las personas haciéndolas sentir protegidas, con todo bajo control. Tienen una imagen de sabelotodo, son protectores y capaces de hacer todo por cuidar, con los demás a su lado. Una persona sana no se engancha con esto, pero imagínate a una con necesidad afectiva.

Estas actitudes se vuelven tan atractivas y te sientes tan importante y cuidado, que sientes que en verdad el hombre o la mujer perfecta sí existen. Así te dejas ir con todo en la relación permitiendo que controle tu vida, tus relaciones, hasta llegar al punto de perder identidad, porque el controlador siente que ya le perteneces.

Una persona controladora necesita límites, requiere de una persona con identidad propia que no le permita que su control crezca, que lo deje haciendo berrinche, que no intente justificarse y tenga fuerza y autonomía en todos los niveles para que respete las reglas. Le hace bien una persona estable, adulta y confiable. Si tienes una personalidad de abandono, laxa y con mucha necesidad, encontrarte con un controlador puede ser una fuente de dolor importante, sobre todo si permites que controle tu vida porque todo el tiempo estarás en la angustia de cumplir sus expectativas y no hacer nada que lo haga estallar.

Ahora bien, el enojo es otra forma de control. El siguiente paso es el victimismo y, para terminar, el chantaje y la amenaza. Los controladores intentarán hacer todo lo que esté en sus manos para que hagas lo que ellos quieren.

Personalidad de traición

Características físicas

Su físico es muy importante, les gusta vestir bien y sentir que llaman la atención, son seductores. Proyectan la imagen de ser fuertes, con todo bajo control, con personalidad fuerte. En los hombres hay tono muscular, espalda ancha, brazos fuertes y cuerpo atlético o con sobrepeso, pero se ven fuertes, no se ven desparramados, tienen mucha masa muscular. Las mujeres son caderonas, de vientre abultado, piernas anchas y glúteos grandes. La cadera y las piernas son una parte aumentada en su físico, las mujeres que son más controladoras tienen las caderas más grandes o cuando su sentimiento de traición crece, aumentan sus caderas, glúteos y piernas.

Y cuando la herida de traición disminuye, estas partes de su cuerpo adelgazan. Hay una extraña relación entre la cadera y los glúteos femeninos y el sentimiento de traición.

Emocionales

Viven en un estado de estrés muy fuerte. La posición de alerta los hace estar todo el tiempo en la angustia, lo que no les permite soltarse ni para dormir. Duermen poco por lo que viven más estresados y en un estado de enojo, desesperación y defensa.

Aunque parezcan controlados y fuertes, en realidad todo el tiempo están cubriendo su miedo; cuando se sienten desprotegidos, evidenciados en su vulnerabilidad y fuera de control, enfurecen y pierden el dominio, son agresivos y pueden ser violentos.

Sienten mucha soledad, su incapacidad de soltar y sentir paz los hace estar resolviendo, produciendo y pensando en todo lo que hay que hacer. De ahí que tengan poco contacto con sus verdaderas necesidades. No saben escucharse, y esto no les permite sentirse llenos y plenos. Todo el tiempo buscan hacer cosas, comprar, viajar, salir de fiesta para sentirse bien, pero depués se sienten vacíos y tristes y vuelven compulsivamente a la actividad.

Es celoso y podría ser muy perseguidor con las personas. Tiene alma de *chingaquedito*. Es crítico, hace sentir incapaces a los demás, puede ser un gran destructor de autoestima, si se lo propone, ninguneando y pendejeando a todos a su alrededor.

Creencias

Siempre creen que ellos hacen todo y nadie los apoya. En realidad no saben recibir, son rescatadores, proveedores y resuelven vidas. Son muy eficaces en lo que hacen. Lo que más anhelan es ser protegidos, no tener que preocuparse por tantas cosas, soltar, confiar y sentirse amados y en paz.

Tienen la creencia de que sólo controlando todo vivirán en paz, cuando es todo lo contrario: el control los hace vivir en la angustia y su actividad mental está todo el tiempo alerta. Llega un momento en que padecen el trastorno del sueño.

Tienen la creencia de que el mundo y las personas son amenazantes y esta falta de confianza no les permite sentirse cerca de las personas, es como una barrera que no los deja sentir amor e intimidad con nadie. En todos los ámbitos, tienen una máscara de fuertes y las personas a su alrededor terminan creyendo que nada necesitan y nadie se percata de sus necesidades, claro, ni él mismo. Se siente ignorado y abandonado, pero bajo control.

Tareas de desarrollo inconclusas

Pedro creció con un padre alcohólico y una madre controladora y co-dependiente. Su madre resolvía la vida de todos, intentaba sacar a su esposo del alcoholismo. La figura del padre era nula para Pedro, su madre era la que se encargaba de todo en la casa. Creció sintiendo que deseaba ser grande y autosuficiente para salir de su casa porque su padre, el control de su madre, sus constantes críticas y sus altas expectativas lo enfermaban. Pedro fue un buen estudiante, obtuvo una beca y prácticamente terminó solo la carrera, se puso a trabajar antes de terminar sus estudios, lo que le permitió cubrir sus gastos. Prácticamente estaba lejos de toda la dinámica familiar; en cuanto pudo, vivió solo.

Pedro es exitoso en lo laboral y ha crecido en lo económico, prácticamente no ve a sus padres, porque eso lo enfermaba, así que dejó de verlos. Hoy, Pedro no confía en las mujeres, pasa de una relación a otra y ha estado a punto de casarse varias veces, pero al final sabotea el compromiso, casi siempre es infiel y deja muchas pistas para ser descubierto.

Parece el partido perfecto, con dinero, joven, guapo, independiente y todos se preguntan, ¿por qué Pedro sigue soltero? ¿Cómo dejará de ser el novio fugitivo y sanar su herida?

Lo que le fue negado a Pedro

Pedro no podrá establecer ninguna relación verdadera sin curar su confianza hacia la vida y establece una relación con él mismo y sus necesidades. Nadie puede ser vulnerable o auténtico con nadie, si no logra esa relación consigo. Pedro ha construido una defensa tan fuerte, un ego tan grande, una personalidad que le da tanta seguridad que está atrapado en ella. Todo lo que construyó para sentirse seguro lo atrapó y lo distrae de lo que en verdad necesita: recuperar el derecho de sentirse seguro, confiado y en paz.

A Pedro le fue negado el derecho a ser protegido, a tener un entorno donde sintiera que no necesita pelear con la vida. Nadie le otorgó el derecho de crecer en paz, confiado y protegido. Nadie le permitió crecer sintiendo que la vida es un lugar hermoso y seguro. Nadie le dio esa paz, esa confianza y esa seguridad que hoy ha construido de manera artificial porque no le da una verdadera paz ni le permite llenar las necesidades de ese yo interno y aún siente que debe defenderse del mundo.

Pedro necesita recuperarse, darse el derecho que le fue negado, permitirse recibir lo que ha construido, enterarse de que la batalla terminó, que puede soltar y la vida es muy diferente a cuando empezó la pelea. Debe darse el derecho de mirar y validar lo que necesita. Darse espacios de silencio para estar consigo, escuchar a su cuerpo, sentir su respiración y generar un diálogo con su intimidad.

> Debe establecer nuevos ejes y prioridades, donde tengan lugar las personas, la intimidad, el recibir, el decir lo que necesita, el sentir sus afectos, su miedo y su vulnerabilidad.

La palabra clave para el Pedro que llevas dentro es *respeto* por tus verdaderas necesidades, capacidad de recibir y escuchar tu miedo, ayudándote a saber que el peligro ya pasó. Desarrollar una confianza básica en las personas y en la vida, que te permita estar en paz; que seas consciente de que la vida no se controla, se vive; que el control es ficticio, que cansa y lastima a los que amas. Que las personas y la vida nunca serán lo que esperas, y eso está bien. Que puedes aceptarlos como son y eso no te pone en ningún riesgo.

Permiso sanador: permiso a confiar y a tener fe en la vida

Hay que restituir una fe básica en la ley, el amor, en Dios, en la vida. Saber que hay cosas que no entiendes de la vida y de las personas, que es válido, que así es la vida, imperfecta como todos los que la habitamos.

Veneno y antídoto para sanar la herida

El veneno de tu personalidad:
- Controlar vidas
- Mentir y manipular
- Desconectarte de tus necesidades
- Que tu eje sea el trabajo y el dinero
- Ser Miss o Mr. No Necesito Nada
- Interpretar una mala intención y darla como un hecho
- Mentir, no cumplir, crear incertidumbre
- Estar de prisa y con mil cosas que resolver

El antídoto de tu personalidad:
- Ser auténtico con lo que sientes
- Aprender a comunicar tu necesidad
- Soltar y aprender a ver la fuerza en las personas
- Disfrutar el aquí y el ahora
- Establecer relaciones de libertad
- Abrazar tu miedo y saber que todo está bien

7

Injusticia

La injusticia es un dolor profundo porque violenta tus derechos. Se manifiesta como un enojo interiorizado en todos los ámbitos vulnerables, como son pobreza, niños, abuso, animales, discapacitados, ancianos e incluso la naturaleza. Todos los ámbitos donde hay desprotección y desventaja son áreas donde la persona que ha sido marcada por la herida de injusticia tiende a defender y pelear por justicia.

En la infancia, el sentimiento de injusticia nace de un estado de vulnerabilidad e indefensión ante una autoridad abusiva o una realidad injusta. Por ejemplo, si tu hermano nació discapacitado y sin el derecho de ser sano, o la pobreza en la que crecieron tus padres, o el abuso de tu padre autoritario, todas estas experiencias de impotencia, pueden crear un dolor de injusticia que te acompañará siempre.

La injusticia se da en posiciones padre-niño, jefe-empleado, gobierno-ciudadano; son posiciones de autoridad-subordinación, donde la experiencia de autoridad es abusiva, autoritaria, violenta, y se vive en estado de subordinación. Es un dolor que marca la vida de una persona y hace que su visión de la autoridad se tergiverse, para aborrecer a la autoridad o convertirse en esa misma autoridad abusiva consigo y con los demás.

Representa la falta de reconocimiento, abuso, poco aprecio, exigencia, dureza, falta de equidad, falta de respeto, etcétera. Carecer de todo esto despierta la herida de injusticia de un niño que necesita reconocimiento. Es una manera de ignorarlo y rechazarlo. Y lo opuesto, tener más de lo que se cree merecer o lo que otros tienen, también despierta este sentimiento de injusticia. No sólo no tener, sino tener sin mérito, puede desarrollar esa herida.

Cuando un niño vive el dolor de la injusticia en paralelo experimenta un rechazo a esa realidad, a la autoridad, al abuso, a las realidades injustas. Por eso muchas personas que tienen la herida de injusticia también llevan la del rechazo. Ambas, rechazo e injusticia se relacionan con el progenitor del mismo sexo.

Vivir las heridas de la infancia es como estar en una infancia robada, donde no se tiene el derecho a ser niño. Tenerlo es poseer la libertad de ser, aprender, explorar, jugar, ser tú mismo, divertirte, crear, equivocarte, experimentar, ensuciarte, reír y disfrutar. Ser niño es una etapa fundamental en la que se aprende a disfrutar la vida; después vendrán procesos de madurez en los que se asumirán otras actitudes y responsabilidades, pero la memoria de esa infancia feliz permite ir hacia allá cuando la vida adulta nos lo indica o queremos ser libres.

El ambiente en que crece una persona herida de injusticia es rígido, duro, severo y muy autoritario. Ambos padres, o alguno de ellos, son perfeccionistas y perseguidores de errores. Cuando eres niño, la aceptación de tus padres es básica, empiezas a tener actitudes adultas, ya que observas que cuando no te equivocas y lo haces bien, ellos te aprueban, entonces encuentras una forma de complacer sacrificando tu espontaneidad.

Un padre con herida de injusticia no te da derecho a equivocarte, se siente realizado con hijos adultos, correctos, inteligentes que no cometen errores. Esto es muy difícil, ya que un niño no está listo para la vida adulta. Cuando un padre injusto observa que su hijo pequeño se ensucia al comer, piensa que lo hace para molestarlo y que debería comer sin ensuciarse. No ve que aprende de modo razonable para su edad.

La herida de injusticia se transmite por sistema. Un padre con esta herida no permitirá a sus hijos equivocarse, como él lo vivió. Será exigente e incapaz de aceptar el derecho a ser niño, de acuerdo con su experiencia.

Las personas con herida de injusticia son muy rígidas, hacen todo a partir de procesos, instrucciones, visiones cuadradas, posiciones polarizadas, lo bueno y lo malo, lo correcto e incorrecto; suelen estar en los extremos y les cuesta mucho adaptarse, ser flexibles y espontáneos.

Por ejemplo, un rígido es incapaz de llegar a una fiesta porque no había estacionamiento. Le cuesta resolverlo de otra forma y ver todas las posibilidades para estacionar su auto en otro lugar. Sus procesos son tan rígidos que no puede ver más allá y adaptarse.

Como desde niños aprenden a ser muy adultos, tienen un niño preso en su interior, es como si hubieran aprendido a controlar a su niño, encerrándolo bajo llave en una parte de su interior. Por eso son personas muy controladas, sobre todo en las emociones. Suelen desconectarse de sus emociones porque no saben cómo lidiar con ellas, les estorban. Aunque son muy sensibles, no se permiten las emociones, por ello también tienen un cuerpo rígido que atrapa lo que sienten. Son personas que andan con "las nalgas apretadas por la vida", o sea, constreñidos emocionalmente.

Son perseguidores consigo mismos, perfeccionistas, exitosos laboralmente, son buenos académicos, directores, científicos; todo lo que exija precisión, perfección, racionalidad, será trabajo apropiado para ellos.

Dan la impresión de estar bajo control, les encantan los retos y las metas; son críticos empedernidos, les gusta competir, medirse con otros, que es otra manera de ser injustos consigo pues no pueden ver que alguien sea mejor en algo, eso los hace sentirse en desventaja y se hacen más perseguidores.

Estas personas aprendieron que si son perfectas, son mejores que los demás. Tienen autoridad sobre otros, derecho a decir cómo deben ser las personas. Son más buenas que el resto, y esto les otorga el "palo" para aleccionar, dirigir, descalificar, criticar. Muchos entrenadores, líderes espirituales y terapeutas son personas con esta herida, todos parecen perfectos, correctos, hacen el bien, son ordenados, se proponen metas y las cumplen; son morales, tienen un alto sentido del deber y del bien, pero no disfrutan la vida.

Para ellos todo es ganar control de la vida, son perfectos con hábitos castrantes que no les permiten equivocarse y aceptar su humanidad imperfecta. Piensan que el crecimiento es ganar control sobre nosotros, ser perfectos, justos y buenos sin contemplar si en verdad yo los necesito y si ese control es para mí la felicidad.

El error más grande de la persona con esta herida es la injusticia autoimpuesta. Esa incapacidad de darse el derecho a equivocarse, a ser libre, sentir, o ser siempre bueno, la incapacita para la felicidad. Cabe destacar que es muy raro que una persona con esta herida busque ayuda porque, en general, siente que es perfecta y que todo lo puede hacer sola. Una paciente vivía en soledad y vacío tan desconcertantes que tuvo que ir a terapia. Ella decía: "Tengo todo, la gente me aprecia, tengo trabajo, mis hijos son buenos, no tengo problemas de ningún tipo, ¿por qué no soy feliz?, ¿por qué siento como si no pudiera apreciar lo que tengo, que ante los ojos de cualquiera es perfecto?"

Eso pasa cuando desconectamos al niño, al sentir, hacemos todo lo correcto sin percibir la alegría de vivirlo. Como mencioné, es difícil que esas personas busquen ayuda, pero cuando acuden a terapia, primero ponen a prueba al terapeuta. Necesitan saber si es un experto en la materia y tiene autoridad para decirles qué les pasa. Una vez que se pasa la prueba, son pacientes muy abiertos y amorosos. Les gusta sentir el afecto del terapeuta. La terapia con una persona con esta herida no debe incluir nuevos deberes y críticas a su comportamiento. No debe ser directiva. Están acostumbrados a retos, a hacer lo que se proponen, pero eso no los sanará. Sólo una nueva relación de afecto, aceptación y reconocimiento de sus necesidades los aliviará.

Una persona con herida de injusticia muy fuerte puede controlarse por muchos años, ser casi perfecta en todo; domina sus necesidades y emociones por años, pero llega un momento que la liga del control se rompe y pierden el domino de todo; esto puede ser en algún momento de su vida o una etapa que dura años. Por ejemplo, si en este momento de su vida son personas súper disciplinadas en cuanto a comida, ejercicio, compras, alcohol, estétera, de pronto se les "escapa el niño interno". Tienen actitudes compulsivas, pierden el control, pueden comer muchísimo o abusar del alcohol o irse de compras y cuando regresa el control, sienten mucha culpa y vergüenza, piensan que fue inadecuado y no quieren que nadie sepa. Cuando la liga de una etapa más larga en su vida se rompe, actúan fuera de sí. Por ejemplo, si nunca se daba el derecho de llorar, ahora no puede parar; si nunca se enfermaba, se enferma de todo. Son momentos en los que ya no es posible controlar todo lo que está energéticamente atrapado y se desborda.

La cantidad de energía que se emplea para el autoamague es mucha y, como todo, tiene un límite. Las necesidades no resueltas se salen de control, es una etapa muy complicada para la persona que solía tener un gran dominio de sí, porque todo lo no permitido se manifiesta con mucha fuerza. Recuerdo el caso de una paciente que cuando era niña tuvo una madre muy exigente. Ella era morena y toda su familia era blanca, lo cual le hizo sentir que debía ser muy buena estudiante y exitosa para compensar que no era "bonita", como toda su familia. Era exitosísima en todo lo hacía, súper mental, competitiva, dedicada a las finanzas internacionales, toda una CEO imparable. Cuando inició terapia conmigo, vivía un momento crítico, no paraba de llorar, se enfermaba de todo, era tan vulnerable como jamás se lo permitió. Era la cosa más desconcertante para ella y para todos, porque ante todos, ella simplemente no sentía, no necesitaba.

Esto la llevó a un proceso de aceptación de su *yo* vulnerable, a un trabajo con la herida de injusticia que llevó a su niña al destierro y ahora debía rescatarla y ganar control desde la confianza, el amor y el respeto por sus necesidades. Cuando la liga se rompe, es un momento de quiebre muy fuerte.

> La acostumbrada a pelear, a enojarse con la imperfección, a resistirse a la vulnerabilidad, surge, persiguiendo y enojándose contigo. Lidiar con doña perfecta interna y dejar de perseguir es lo más difícil.

Es importante no llegar a un punto de quiebre, esto puede manifestarse por medio de depresiones o enfermedades graves. Son momentos donde ya no hay para dónde hacerse, lo negado se manifiesta.

Personalidad herida de injusticia

Características físicas

Cuerpo perfecto, no tiene grandes caderas, ni es desproporcionado, es equilibrado y delgado. Suelen tener un cuerpo bonito, estructura rígida, cuello tenso, espalda recta. Es un cuerpo disciplinado o atlético, o simplemente delgado y bien proporcionado.

Emocionales

Vive en tensión por el nivel de perfección que se exige, esto lo pone siempre a la defensiva, su clásica reacción es el ataque. Suele estar enojado y sentir mucha ira con "lo injusto que es todo". Le molesta la gente floja, desordenada, lenta, incapaz, gorda, infantil, libre. Siente que es injusto que haya gente así, cuando él o ella se "parte el lomo" todos los días para alcanzar la perfección.

Puede sentir mucha vergüenza que cubre con el gran deseo de perfección. Por ejemplo, el abuelo que fue fraudulento y del que todos se sienten avergonzados y buscan mostrar que son diferentes a él siendo perfeccionistas y rectos. Es una herida de humillación, oculta como injusticia. En este caso, en el cuerpo obeso de humillación siempre tiene que cuidarse mucho para no subir de peso.

Son emocionalmente muy sensibles, les gusta lo noble, lo bueno, el arte, la belleza; se conmueven con facilidad y, si se lo permiten sus emociones, pueden ser un gran camino de sanación. Son expertos en contener, evitando así la posibilidad de crecer con base en ellas.

Vive mucho desde la culpa, cuando no hace lo correcto, se siente injusto, se compra algo muy caro o cuando sale de vacaciones sin estar muerto de cansancio. Entonces se cerciora de irse de vacaciones después de un periodo de trabajo arduo, o de comprarse algo después de haberse esforzado mucho; merecer es muy importante, no llevará alimento a la boca si no siente que lo ha desquitado.

Le atraen las situaciones injustas, está muy enojado con la imperfección de la vida. Puede ser un participante activo de causas nobles como rescate de animales abandonados, Greenpeace o adoctrinar en alguna comunidad. Es muy neurótico, todo el tiempo se queja y se siente una autoridad moral en todo; pelea con la vida y se dice: "Yo estoy bien y los demás están mal, entonces debo cambiarlos a todos". Es un perseguidor de todo a su alrededor; la perfección, el orden y lo bueno lo hacen poco humano.

Cuando están desvinculados de lo que sienten y muy centrados en su perfección, en sus metas, en demostrar, pueden hacer sentir a las personas que los quieren muy solas. No saben mirar las necesidades, ser empáticas y afectuosas, se convierten en hombres o mujeres piedra, que no dan afecto y hacen sentir el "síndrome del mueble": te uso, pero no te veo.

El placer, la alegría, el disfrute son fundamentales en su vida. Si todo se centra en el deber, en intentar ser perfecto, exigirse demasiado; su herida aumentará y quedará atrapado sin recuperar el verdadero *yo*, única manera de sentir que todo lo que ha hecho en verdad lo hace feliz y que la vida se disfruta no se padece.

Las personas que integran a su *yo* vulnerable, a sus necesidades afectivas, se hacen muy cálidas, empáticas, generan mucha confianza, por momentos son libres y espontáneas, se dan el permiso de sacar ese yo infantil que tan bien les hace y salir de la adultez que asfixia.

Creencias

Todo se gana, nada se regala. Esta vida es para esforzarse y punto, hay deberes que cumplir. Esta persona cree que debe ser mejor que los demás y si alguien lo supera, se considera malo o inferior. Sentir placer y soltarse a esa experiencia es poco serio, es cuestión de mentes débiles, no corresponde a su nivel evolutivo o simplemente no nació para eso.

Cree que debe aleccionar a los demás, tiene muchas creencias que no se cuestiona, podría ser un fanático religioso o un moralista rígido. Muchos religiosos, curas, militares, tienen esta herida y son atraídos a los ideales de la religión o el misticismo. Por ejemplo, hay muchos sacerdotes que reflejan esta herida y su rigidez, niegan sus necesidades, su autocontención podría ser la causa de sus desviaciones sexuales.

> Todo lo reprimido sale pervertido.

Estos son casos extremos. En realidad, la persona con esta herida se esfuerza por ser buena, hacer lo correcto, ser aceptada y respetada. Son personas que promueven el bien y se comprometen a hacer lo correcto. Todo parece perfecto, el problema es la auto-mutilación de sus necesidades para lograr esa perfección que no existe en la vida.

Tareas de desarrollo inconclusas

Andrea tuvo que salir de su casa a los 14 años, harta de la violencia, la pobreza y la falta de respeto que vivía con sus padres, quienes le exigían dejar la escuela para encargarse de sus tres hermanos y limpiar la casa. Ella quería estudiar, estaba cansada de ser la mamá de sus hermanos desde que era chica. Era la mayor. Trabajó y estudió todo el tiempo, buscó rentar un cuarto y arreglárselas sola para salir adelante. Terminó la universidad, ahora tiene un buen trabajo, encontró a un hombre que la quiere y se casó. Sin embargo, nunca pudo tener hijos. Hoy tiene una vida que jamás imaginó, llena de tranquilidad en todos los niveles, pero no sabe disfrutar nada, siempre está de malas, su esposo se ausenta para no escuchar sus quejas y enojos. Ella es impaciente, por ejemplo, cuando espera al doctor o en un restaurante, siente que le dan un trato injusto. Vive a la defensiva, se pelea en todos lados exigiendo que las cosas sean como ella las desea.

Las personas le tienen miedo y se alejan de ella, incluso Juan, su marido, que la quiere tanto, porque le desespera su mal carácter y su incapacidad de disfrutar lo que tiene. Físicamente es muy guapa, delgada, elegante, inteligente, ha logrado muchas cosas, pero no sabe estar en paz ni disfruta, todo el tiempo está peleada con la vida.

La historia de trabajo tan dura y todas las circunstancias que pasó la pusieron a la defensiva y llena de enojo. Andrea tiene que reconciliarse con la vida, con sus padres, con la niña que fue. No le permitieron el derecho de disfrutar, de ser niña, de crecer y madurar a su tiempo.

Hoy, un camino de sanación para Andrea es ser su propia madre-padre, completar esos ciclos pendientes, donde se dé la oportunidad de vivir en el aquí y en el ahora, una experiencia de vida más tranquila, con menos deberes y más quereres. Dejarse de exigir todo el tiempo y estar a la defensiva. Es un proceso complejo. Desaprender es difícil, pero el camino se disfruta día a día.

No necesitas ser otra para sentirte bien, en el momento en que te das cuenta de que puedes elegir diferente y lo haces, tu actitud cambia de inmediato. Nos cuesta mantenernos, construir victorias. Caemos en la inercia, se nos olvida, nos desesperamos y no aceptamos la determinación de que ése es el mejor camino para estar bien.

Hay beneficios en nuestros vicios; por ejemplo, cuando Andrea se altera, siente que la respetan y tiene poder sobre otros, eso es un beneficio oculto. Por un lado, ya no quiere comportarse agresiva, ya no lo necesita, pero, por el otro, le da un poder que la hace sentir segura. Es importante observar los beneficios de los vicios y entender que no necesita inspirar ese respeto, es más malo que bueno, porque sigue alimentando un vicio que afecta su vida.

> Nuestros comportamientos tienen beneficios, son modos de actuar que nos reditúan en algún sentido. Tenemos que darnos cuenta de cuál es el veneno oculto y cómo eso podría darme un mejor comportamiento, si todavía lo necesito.

Quizá cuando era niña o joven lo necesitaba, pero como adulta ya no, y puedo tenerlo de maneras menos dañinas para mí.

Lo que nos fue negado es un derecho a crecer en justicia, y justicia es que le den lo que le corresponde a una niña: atención, afecto, aprendizaje, pertenencia, límites y estructura. Eso es lo que implica una paternidad; para ser un buen padre debemos tener la capacidad de dar lo que nos negaron, y para darlo, debe estar en nosotros.

Por eso, no nos sorprende estar tan heridos y tener tantas necesidades no resueltas. Nuestros padres no estaban preparados para una paternidad amorosa y responsable, fueron bienintencionados pero ignorantes en general.

Permiso sanador: permiso para inspirarnos y tener confianza

Cuando elegimos sanar nuestras heridas, elegimos darnos lo que nos fue negado en un proceso amoroso, paciente, constante y determinante. Es normal que no nos salga siempre, que nos frustremos porque caemos en los mismos patrones, porque luchar contra lo que hemos sido es la verdadera batalla. Por eso, pocos lo logran, pocos se sostienen en el camino.

> Es importante inspirarnos, recordar una y otra vez lo que anhelamos, tener fe en nosotros, paciencia y una dosis de voluntad.

Como verás, no es fácil, no se resuelve de la noche a la mañana, pero así se construye una vida más plena y verdadera que no cambiarás por nada.

La palabra clave para esta herida es *derecho a ser niño*, a tener los valores de un niño:

· Flexibilidad
· Capacidad de asombro
· Juego, alegría, disfrute
· Libertad
· Derecho a aprender

- Derecho a equivocarse
- Protección y afecto

El permiso sanador es "no tienes que ser bueno siempre".

Veneno y antídoto para sanar la herida

El veneno de tu personalidad:
- Competir y compararte
- Autoexigencia rígida
- Autoperseguidor
- Rigidez
- Críticar a los demás
- No disfrutar lo que haces
- Vivir en el deber

El antídoto de tu personalidad:
- Permiso de equivocarte
- Hacer actividades que disfrutes
- Tener espacios con niños o animales
- Hacer cosas sin plan, ser espontáneo
- Bailar, cantar, cultivar un arte
- Permitirte las emociones y aprender de ellas
- Ser respetuoso con tus límites
- Hacer de la injusticia una forma de cambio sin pelea
- Ampliar la capacidad de disfrute
- Equilibrar el deber y el querer

CAPÍTULO

8

Padres - niños

Elegir ser padre es educar, dar y amar sin deuda. Es proteger, dar estructura y crear sentido de pertenencia. Enseñar a nuestro pequeño hijo a amar la vida y a vivirla con nuestro ejemplo. Un hijo no es una inversión, no es para que me sirva, cuide o mantenga en la vejez. No es un objeto de mi propiedad, es una encomienda de la vida y una oportunidad para crecer y aprender más rápido con todo lo que nos enseña y le enseñamos.

Educar a un hijo es estimular lo mejor de él, permitir que lo mejor se exprese y crear las condiciones para que se desarrolle y aprenda, para compartir, dar y recibir lo que esta vida tiene para él.

Sé que esto es lo que muchos padres queremos ser, una base amorosa para que nuestros hijos crezcan en amor y aceptación. Este camino es un camino de conciencia y trabajo, sobre todo con nosotros. Es muy difícil educar en amor, si no vivimos así. Si no superamos nuestras carencias como hombres y mujeres, si no sanamos nuestras heridas, es casi imposible no transmitirlas.

Padres en crecimiento, hijos en libertad. Para ser un mejor padre debemos ser un mejor adulto; para ser, como dijo Melanie Klein, padres suficientemente buenos. No perfectos. Nos equivocaremos muchas veces como padres, pero seremos capaces de reconocerlo, aprender y cambiar.

Al escribir estas páginas estoy gestando a Isabella, mi segunda hija. Mi proceso de sanación antes de su llegada ha sido una enorme oportunidad que quiero compartirte. Después de casi ocho años de matrimonio y con una elección muy clara de no querer tener otro hijo, ya teníamos a Bruno, hijo de mi primer enlace, y que mi actual

115

pareja siempre había acogido como propio, empezó su anhelo de ser papá. Él había tenido siempre claro que lo suyo no era la paternidad, incluso intentó hacerse la vasectomía años antes de que se despertara esa necesidad. Yo estaba en sintonía perfecta con él, sólo queríamos un hijo y ser felices así. Pero las visiones y las necesidades cambian, hace dos años mi esposo empezó el cambió. Para mí fue como "¿De qué me estás hablando?" Era una necesidad confrontadora que ponía nuestra relación en crisis porque yo no tenía la misma necesidad.

Para mí la elección era muy simple, te subes a su barco y vas a ese nuevo destino o te bajas y gracias por todo lo compartido, nuestras necesidades cambiaron, adiós. Elegí bajarme, le dije: "Entiendo tu necesidad, tienes total derecho y lo entiendo. No soy quién para negarte esa oportunidad, pero no es conmigo." Casi le digo "sigue tu camino, que esta ruta ya no es mía".

Recuerdo tanto la mirada de amor con la que me dijo: "Ana, yo no quiero un hijo de nadie, sólo quiero un hijo tuyo, y si tú no lo deseas, yo quiero estar contigo y aprenderé a aceptarlo." Llevábamos casi ocho años de un matrimonio muy feliz, ni siquiera estábamos en crisis matrimonial, disfrutamos mucho la presencia del otro y crecimos muchísimo en todos los sentidos, juntos. Cuando mi esposo me hablaba de su anhelo de ser padre, supe que era un anhelo de su alma, más que un argumento como: "Estoy listo, maduro, tengo una casa, quiero trascender, quién me va a cuidar de viejito"; nada, yo veía una necesidad de vivir un amor y un vínculo con un hijo compartido con quien amas.

Mirar en los ojos de una persona a la que amas un anhelo tal y saber que está en tus manos llenarlo es muy difícil. Víctor había jugado un papel impecable con mi hijo Bruno sin ser su papá biológico. Es un padre en muchos sentidos para mi hijo. Yo no podía con la idea de verlo envejecer sin tener esa oportunidad, lo sabía porque yo tengo un hijo y ese amor es único. El amor que le tengo y mi propia duda presente todo el tiempo de si debía o no ser mamá por segunda vez y ver qué había detrás de esta decisión. ¿Era un verdadero querer? ¿Era miedo? ¿Había algo en mi maternidad que debía sanar? Intensa como soy, decidí descubrirlo y trabajar en terapia.

La vida es sabia y generosa cuando eliges seguir su llamado. Siento que eso pasó conmigo. Elegí entrar al bosque interior y la vida me puso las condiciones que ni imaginé para mover mucho dolor que jamás pensé que tenía. Empecé a mover cosas importantes en terapia, a abrir capítulos de mi maternidad, de la relación con mi madre. La prueba que la vida me tenía preparada fue lo que en verdad me llevó al inframundo de mi dolor.

Viví una traición con una persona que consideraba una autoridad en mi vida y en quien confiaba; fue el gran quiebre que jamás esperé y eso abrió la herida que necesitaba tocar en otro nivel y que, de no vivir esa traición, jamás hubiera ido tan profundo. Eso me llevó a mi madre y a la maternidad en un nivel al que no hubiera llegado si la vida no me da un empujón.

Se abrió la caja de Pandora. El último año fue de liberar dolor, sentir la carencia afectiva, trabajar en otro nivel con mi madre, perdonarme; lo pienso y siento que tiré kilos de dolor de una capa muy profunda, a la que no era fácil llegar. Hoy sé que esa traición tan dolorosa fue una oportunidad para mí. A veces nos cuesta trabajo ver en los dolores del presente la sanación del pasado. Mi trabajo personal se cerró eligiendo con toda mi alma darme una nueva oportunidad con la maternidad. Después de elegirlo, quedé embarazada de Isabella. Esta bella y sanadora aventura se completó de manera mágica con la llegada de una niña, en la que me veré, a la que podré enseñarle cómo siente una mujer, cómo ama, cómo ser mujer es un honor, así lo vivo yo ahora.

Es la enorme oportunidad que nos da un hijo: ser los padres que tanto anhelamos tener. La vida me dio un regalo y yo estaba a punto de negarlo por miedo. Nunca imaginé que había tanto para mí en esta necesidad de mi esposo, lo que estamos viviendo hoy es tan profundo, tan lleno de amor.

Recibir a una niña tan elegida me ha sanado en mi propia llegada a este mundo, donde las condiciones de mi madre eran tan distintas. Me siento agradecida con la vida, con mi alma, con la complicidad y el amor que le tengo a mi esposo, que me hizo subirme al barco e ir hacia un nuevo camino que tenía sanación y crecimiento. Mientras escribo estas líneas estoy en mi semana 37, esta aventura ya empezó y continúa. Uno nunca termina de sanar, aprender y crecer.

Ser padres es de las pruebas más ricas y complejas, si escogiéramos con un poco más de conciencia, nos daríamos cuenta de que nuestros hijos son un espejo impresionante de nuestra luz y nuestra sombra. Nos hace falta mirar la paternidad con adultez y responsabilidad, entendiendo que para que tus hijos sean felices, tú debes ser feliz como persona y dejar de vaciar tantas carencias en alguien que vino a aprender de ti y no a salvarte de nada.

Padre-niño

Un padre-niño es una persona que tiene muchas carencias afectivas y muchas heridas en su interior. Juega un papel de padre sin saber dar, quiere ser ejemplo pero no acompañar, más bien, demanda, utiliza a sus hijos como proyección de sus asuntos no resueltos o como una oportunidad de tener poder y manipular. Con ellos desquita sus enojos, sus dolores o justifica todas sus carencias e incapacidades.

Describiré siete tipos de padres-niños con base en las heridas de la infancia. Cómo se vive una paternidad cuando estás herido, qué tipo de actitudes perpetúan el dolor y cómo dejar de transmitirlo. Recuerda que un padre incondicional y un padre ausente son carencias que afectan igual el desarrollo de un hijo. Un padre adulto está en un punto medio, por eso lo describiré al final.

Padre-niño. Rechazo

Suelen estar en su propio mundo. Son silenciosos, aislados y les cuesta mucho trabajo mostrar su afecto y generar unión familiar. Tienen trabajos en solitario como músicos, escritores o cualquier otro que los absorbe, casi siempre convive con poca gente. Aunque también podrían ser muy extrovertidos, pero sin verdaderas relaciones íntimas.

Son poco afectuosos pero pueden tratar a sus hijos como amigos. Establecen una autoridad débil y ausente; son poco íntimos en la comunicación con sus hijos, podrían consumir alcohol, drogas o cualquier otro medio para evadirse.

Un padre o una madre con esta herida suele rechazar a alguno de sus hijos del mismo sexo, con el que se identifica. Casi siempre son los primogénitos, pero puede ser cualquiera de su mismo sexo. Cuando ve a ese hijo, teme que sea igual que él y lo rechaza, lo regaña y le exige. No entiende por qué lo desespera y lo saca de quicio. Es una forma de proyección hacia su propio niño en el rechazo de su propio padre.

Su incapacidad de ser cercano, expresar lo que siente, ser íntimo, así como su hábito de aislarse y su frialdad, transmiten a su hijo rechazo y falta de pertenencia. Si ambos padres tienen esta herida, la situación se agudiza porque no hay quien establezca un equilibrio; cada quien está en sus asuntos, nunca hay espacios familiares, parece que todos son *roomies* y nadie cohesiona a la familia.

Los padres-niños con esta herida no han superado su infancia al perpetuar la misma dinámica de aislamiento con sus hijos. Son metafóricamente padres-aire, están pero sin tocar tierra, sin impactar, su presencia es débil, lo que genera incertidumbre, falta de identidad y arraigo en sus hijos, quienes después podrían repetir la dinámica con los suyos.

Una madre depresiva, un padre adicto o enfermo, un padre solitario, poco expresivo pueden ser patrones de un padre-niño de rechazo.

Si eres padre-madre en rechazo, aprende a acercarte a tus hijos y comunícate con ellos de manera afectuosa. Ellos son una oportunidad de sanar el rechazo vivido, en la medida en que seas capaz de vencer tus defensas y acercarte a ellos con una presencia cercana.

> Recuerda que la calidez, la capacidad de hacerte presente, de darte el derecho a decir lo que piensas, de validar tu autoridad, es un camino importante de sanación para ti y tus hijos, que necesitan una figura paterna presente.

Eres importante para su formación, tu presencia puede darles mucho. Será muy sanador acercarte y aprender que no hay nada que temer cuando das afecto. No serás rechazado, tienes mucho que dar, confía en tu fuerza y date importancia.

Si eres hijo de un padre en rechazo, valida su presencia, respeta su autoridad y dale un espacio, sobre todo interior, como tu padre o madre. Su ausencia, su incapacidad de hacerse presente y huir puede dolerte mucho; aprende a reconocer que es un recurso que le fue útil para no sentirse rechazado. Algo en su historia que quizá no conoces lo hizo anularse y huir, o simplemente es parte de una cadena de rechazo generacional no sanado en tu familia. Observa si todos presentan la característica física del rechazo: cuerpos delgados, piel pegada al cuerpo, hombros y caderas angostas y pecho hundido. Estas son las características de una cadena de rechazo generacional.

Entiende que conforme tú dejes de rechazarlo o de verlo con poco respeto esa cadena sanará. Difícilmente tu padre modificará su manera de estar en la vida. Quizá haya encontrado una manera segura y cómoda de estar mediante la disociación que vive entre la realidad y su propio mundo. Honra a tu padre o madre, honra tu femineidad o masculinidad, respeta y perdona sus elecciones y toma tus propias desiciones para sanar esa herida y dejar de reproducirla creando un vínculo de aceptación y confianza en tu fuerza y manifestándola en lo que haces.

Padre-niño. Abandono

Los padres que no trabajan esta herida son muy dependientes y tóxicos. Utilizan a sus hijos para llenar vacíos afectivos, como si fueran sus salvadores, su justificación de una falta de vida propia, su mayor sentido en la vida. Son muy simbióticos, muy apegados a sus hijos y los crían dependientes. Hijos que no se sienten capaces de autonomía porque los padres-niños en abandono han cortado sus alas, para que nunca se vayan de su lado. Una parte de ellos cree que no puede sin ellos. Piensan que el amor es ser incondicional y justifican toda su vida con sus hijos.

Cuando son niños los chantajean, se victimizan con ellos, los utilizan para descargar sus problemas; son niños demandantes que abusan emocionalmente de sus hijos chantajeándolos, victimizándose, culpándolos por su falta de adultez.

Es un amor muy confuso para un hijo, porque siente que sus padres se han mutilado y tiene el deber de pagar esa mutilación. Es el típico ejemplo del hijo que siente que su madre ha sufrido tanto por sacarlo adelante con una idolatría malsana o incestuosa. Es una deuda que construyó el niño ante la culpa por un padre o madre incapaz de ser feliz.

121

No saben poner límites, pueden tener hijos que los manipulan. Justifican toda su existencia por sus hijos. Ellos son como en sus relaciones de pareja, dependientes, poco responsables, víctimas, pero en su rol de padres. Incluso muchos con esta herida tienen dinámicas de amor tóxico con sus hijos, donde vacían toda su necesidad. Los Padreniños de abandono son incondicionales, utilizan a los hijos para sentirse amados, escuchados, son padres que, a la larga, asfixian porque generan un lazo que ata y no un vínculo de amor y libertad.

> Un hijo con padres-niños en abandono puede convertirse en alguien muy rescatador, porque sintió el victimismo y la incapacidad de sus padres para hacerse cargo de ellos mismos y él elige rescatarlos. Todo depende de las elecciones que hizo con base en su temperamento.

Hay quienes eligen correr lejos de esos padres tóxicos, o ser siempre niños rescatados por ellos. Siempre elegimos, aunque tengas tres años, con base en lo que nos es propio, por nuestro temperamento y necesidad de ese momento.

Un padre-niño en abandono debe hacerse cargo de su persona, respetar profundamente la individualidad de sus hijos, tener una vida propia para dejar de justificarse con sus hijos. Eso los carga con una deuda que no les corresponde pagar. Tiene que ser muy cuidadoso en llenar sus vacíos para no perderse en la paternidad como una fuga de sí.

Un hijo con un padre-niño en abandono debe poner límites, tener una sana distancia entre él y sus padres, entregar la factura que le heredaron desde la infancia por todo lo que sus padres sufrieron o hicieron por él. Esa factura no la debe pagar. Los padres eran adultos cuando lo tuvieron y todo lo eligieron, siempre hay muchas posibilidades de vivir las cosas, ellos eligieron de esa manera y tú no tienes ninguna culpa. Eres libre.

Cuando ambos padres tienen esta herida, la codependencia es muy fuerte. Se forma una familia muégano, como la llamamos, sin límites, sin respeto, todos son como niños llenos de conflictos y peleas entre ellos. Todos tienen derecho de opinar sobre la vida de todos, incluso suelen vivir juntos, uno cerca de la casa del otro, o todos dentro de la misma. En nuestra cultura mexicana, cuando uno pasa de los veinte años, debería vivir solo, salir de casa y buscar una individualidad, que es casi imposible cuando vives con tus padres.

Es muy común que los padres en abandono no fomenten esta necesidad en sus hijos, es más fácil que digan "¿Adónde vas a ir, mi'hijito, que te quieran más que aquí? ¿Para qué sufrir viviendo solo?" Y crían "Gordolfos Gelatinos", como el personaje de los Polivoces; otros niños creen que todo lo merecen y a los treinta años sus padres pagan sus gastos, los despiertan para ir a trabajar o les pagan las vacaciones familiares porque ellos son los hijos. ¡Qué cosa! ¡Qué difícil vivir con una dependencia de ese tamaño que limita tanto tu poder! Así como demandan a sus padres, tienen un supuesto derecho con las parejas.

Este tipo de paternidad es muy común entre los mexicanos. Tenemos conceptos distorsionados del amor y terminamos asfixiando y cortando las alas a los que amamos por nuestra propia incapacidad de ser libres.

Esto se arregla con una vida propia, una posición adulta y respeto a la autonomía de tus hijos. Ese tipo de "amor" no es amor, es necesidad. Constrúyete una vida interesante antes de ser padre, para que tengas algo propio y no uses a tus hijos como una fuga de tu incapacidad de ser tú y dejemos de enfermar generaciones cortándoles las alas.

Padre-niño. Humillación

Esta paternidad tiene muchos tintes de abandono, porque son heridas hermanas. De tal forma, es probable que las personas presenten varias de las actitudes nombradas en la paternidad abandono y otras que cito a continuación.

Son padres muy complacientes, rescatadores de sus hijos, suelen cargar sus problemas y responsabilidades, cuidarlos, darles dinero para pagar las colegiaturas de sus nietos, aunque se endeuden. Son padres con mucha vergüenza y para cubrirla protegen a sus hijos.Una madre en humillación será muy controladora en la apariencia de sus hijos, cómo se visten, le encanta hablar bien de ellos y presumirlos con todos. Muestra su afecto mediante la comida, son grandes cocineras y casi siempre tienen sobrepeso.

Suelen tener una relación de pareja con esposos en herida de rechazo y con poca autoridad; ellas abarcan y resuelven todo, nulificando la autoridad y la presencia masculina. Es diferente a la mujer en abandono porque su pareja es muy importante y tiene mucho apego por ella y la necesita. En el caso de humillación, la pareja es como un hijo más a quien cuida y protege como niño. La herida de humillación es más común en mujeres, pero esto podría ser también la manera de ejercer la autoridad de muchos padres que viven en humillación.

La condición de rescate y su sentimiento de culpa con los hijos es lo más fuerte en su paternidad. Carga a sus hijos, siente que siempre son su responsabilidad, aunque tengan treinta años. Se preocupa si sale de vacaciones y sus hijos no, si ya comieron, si tienen dinero para ir de viaje, todo lo convierte en una carga. Desde la culpa va resolviendo las vidas de sus hijos. Su falta de libertad e individualidad la hace castigarse y no se permite ser libre.

Cuando sus hijos son niños es afectuosa, protectora, muy nutridora, pero poco libre. Siempre está preocupada por alguien, rescatando a sus padres, hermanos, amigos, etcétera. Nunca transmiten paz y bienestar. Descargan mucha de su carga de vida por medio de la comida, son gruesas porque necesitan un cuerpo que les permita resistir la carga.

> Si eres una madre en humillación date el derecho de ser libre, elegir responsabilidades. Darles el derecho a tus hijos de crecer y resolver sus vidas. No ayudes si no lo piden, y si te lo piden, piensa y reflexiona si en verdad es algo que tu hijo no puede o debe hacer por sí mimo.

Tus hijos son prestados, déjalos ir y sé libre para mirar por ti, escucharte y dejar de cargar tantas cadenas que te hacen esclava de tus culpas. No debes nada a nadie.

Si eres hijo con madre o madre en humillación, aprende a ser autónomo, no hagas que tus padres te resuelvan todo, ellos lo harán, pero a nadie le hace bien, pues tú no creces y ellos te siguen cargando. Una madre en humillación necesita ser libre, dejar de cargar. Un hijo capaz de hacerse cargo de sí le viene muy bien. Sólo es cuestión de que ella elija si encuentra nuevos hijos necesitados o se da la oportunidad de no resolver la vida de los demás.

Padre-niño. Traición

Son fuertes, con mucha autoridad, muy controladores y altas expectativas respeto a sus hijos. Los crían desconfiados, suelen tener un diálogo paranoico pues creen que no hay que confiar en nadie. Están muy presentes en la vida de sus hijos para controlarla mejor. Generan una relación de idolatría del padre, porque se muestran sabelotodo. Siempre tienen la razón, entonces sus hijos desplazan la propia capacidad de darse cuenta para seguir la de su poderoso padre que nunca se equivoca.

Son papás que dan mucha seguridad, parece que siempre tienen el control, son responsables y buenos generando estabilidad económica. Les gusta que sus hijos sean fuertes y exitosos, si no cumples sus deseos, nunca te sentirás aprobado. El problema de esta paternidad es el sentimiento de incapacidad que genera en sus hijos. Es un padre que va tan rápido, piensa tan rápido, está siempre pensando dos o tres jugadas después y, sin duda, atropella a sus hijos, que no tienen esa misma necesidad de control.

Una madre controladora le dice a sus hijos lo que deben hacer y esto puede ser bastante cierto e inteligente, pero no les da oportunidad de descubrirlo. Esto crea enojo en sus hijos, que se sienten invadidos por ella. Algunos adoptan estas mismas actitudes para defenderse de ella, se vuelven controladores, estrategas para que su padre controlador no los agarre en curva. Esto establece una relación de competencia y de defensa entre padre e hijo.

Otra típica posición en los hijos es la del pasivo, "para qué me esfuerzo si mi padre me dirá cómo", y anulan su propia capacidad generadora, se vuelven hijos incapaces de tener una vida activa y propositiva. Esto frustra enormemente al padre controlador, no se da cuenta de que esa pasividad la ha construido él al no dar espacio para que sus hijos crezcan independientes.

Es muy común ver a padres muy fuertes, emprendedores, líderes y generadores que tienen hijos grises y pasivos. Algo faltó para incentivar a sus hijos y producir su propia vida. Creo que mucho de esto tiene que ver con la falta de respeto a lo que es su hijo, a la incapacidad de ver y respetar su individualidad. También las altas expectativas y el rechazo que transmiten cuando no eres tan brillante ni tan inteligente como ellos. Además de resolutivos y controladores con las vidas de todos. Todo esto genera un atropellamiento de los hijos que puede ser muy doloroso.

Si eres padre en traición aprende a respetar los ritmos y maneras de tus hijos, conócelos y permíteles ser más

> allá de lo que esperas. Deja de ver al hijo que tienes
> en tu cabeza y ve al que está frente a ti con sus pro-
> pias necesidades, su visión del mundo, su derecho de
> equivocarse y fracasar, de ir a un ritmo diferente al
> tuyo, y reconoce lo que sí hay en él.

Aprende a confiar en él, en su fuerza, en lo que aprendes a través de él. No es igual a ti, su historia es diferente, no intentes evitarle dolores, él tiene derecho de aprender por medio del dolor sus propias lecciones. Eso te ha formado a ti, quizá no tuviste quien te evitara muchas decepciones, pero eso también es tu tesoro, lo que hoy te ha llevado a ser lo que eres. No le evites ese tesoro a tus hijos y dales espacio de elegir su camino con la libertad de que los seguirás amando.

Deja la filosofía autoritaria de, si no es conmigo, va contra mí, eso puede dejarte solo. No siempre tienes la razón, a veces la tuya no es la razón de los otros, simplemente no es lo que tu hijo necesita. Dales libertad y confianza de encontrar sus propias vías para producir su vida, que sepan que pueden volar y tú los respaldas sin control y sin expectativas neuróticas. Ofrece el espacio para asumir las consecuencias de sus elecciones.

Si tienes un padre-niño en traición o controlador, no intentes llenar sus expectativas, eso te hará esclavo y un día se enojará mucho contigo. Aprende a seguir tus propias intuiciones y a tener una sana distancia entre tú y tu padre controlador. Aprende a conocer su historia y lo que lo ha llevado a una posición de tanto control, tiene miedo de que vivas las cosas que él vivió y quiere ahorrarte el camino, pero no se lo permitas de ninguna manera. Si das espacio para su control, eso crecerá. Límites, autonomía y confianza en tus percepciones es tu camino.

No puedes pedir respeto si dependes de ellos, no puedes pedir que dejen de controlar tu vida si vives en su casa a los treinta, no puedes pedir que confíen en ti si tú no lo haces contigo y todo el tiempo trans-mites que estás fuera de control. Al perdonar a tu padre controlador, ganarás control de tu propia vida, pues cuando nos enojamos con lo que un padre es, lo rechazamos en nosotros, o sea, cuando te enoja tu madre súper organizada, de alguna forma rechazas el orden en ti, ya que la re-presenta. Al reconciliarte con la manera en que tu padre o madre han enfrentado la vida, activarás tu propia capacidad de controlar la tuya.

La mayoría de los padres no son conscientes del daño que hacen a sus hijos, el gran enemigo se llama ignorancia.

Padre-niño. Injusticia

Un padre-niño con esta herida es muy duro, severo, frío y exigente. Son papás muy estructurados y rígidos en sus visiones. Buscan que su hijo tenga actitudes de adulto, mostrando habilidades para leer o ha-cer cosas que no le corresponden. Una mamá con esta herida te hará sentir sin permiso para ensuciarte, equivocarte, divertirte. Su posición siempre es de "trata de hacer más", "era tu obligación", "lo hubieras hecho mejor", "a tu hermano le salió mejor", etcétera.

Son papás no afectuosos, les cuesta ser cálidos y empáticos. Sienten que deben educar a sus hijos de manera dura para que sean gente de bien. Actúan en nombre del amor y creen que sus golpes o regaños son por el bien de sus hijos. Cuando sus hijos se equivocan o sacan malas calificaciones, los rechazan, condicionan su amor a sus actos.

Es crítico, perfeccionista, extremista, moralista, alecciona y todo parece una cátedra de valores. Le gusta leer y puede ser culto, utiliza sus conocimientos para sentirse mejor que los demás, incluso más justo que los otros. Es un padre que en el fondo quiere lo mejor para su hijo, pero no tiene capacidad de decírselo, no sabe cómo expresar su afecto, por eso lo educa, lo regaña, lo hace un ser perfecto, porque cree que así le hace un bien.

Les gustan los hijos competitivos como es él siempre en una posición de "trata de hacer más", da el cien por ciento. Un hijo formado en este sistema casi militar puede tomar dos caminos: o lo sigue al pie de la letra y se hace una cadena de gente muy eficaz y exitosa en lo que hace, pero con fuertes conflictos para disfrutar si no desarrolla esa parte negada; o se vuelve en contra de la autoridad y es súper rebelde, desestructurado y con mucho rechazo a la autoridad.

Los padres-niños en rechazo no saben disfrutar, todo es deber, todo es una búsqueda de ser buenos y hacer lo correcto. Son perseguidores. Esto impide a un niño el derecho de ser, y cuando crece se hace un niño perpetuo por ser lo que su papá no le permitió, o se vuelve igual, incapaz de sentir alegría y con derecho de no ser siempre bueno.

Si tú eres un padre-niño en injusticia, recuerda que no todo es deber, que si te permites disfrutar con tus hijos ser niño, podrás encontrar un camino de sanación muy poderoso.

> No existe la perfección, tus hijos tienen derecho a ser niños, a elegir lo que quieren vivir; acércate a ellos y conoce en verdad quiénes son.

¿Qué tanto conoces a tus hijos? Estás casado con todas tus expectativas o con lo que hiciste cuando tenías su edad. Si cuando tenías su edad ya te parabas de cabeza, era porque lo necesitabas, porque lo elegiste, porque te lo demandaron para ser amado, pero por qué tendrían tus hijos que hacer lo mismo. ¿No te parece que puedes darles la oportunidad de elegir? Puedes ser soporte, ejemplo, inspiración, pero no condiciones tu amor, si no son lo que tú crees que deben ser.

Aprende a reír con ellos, a jugar con ellos, a darte espacios de disfrute y cultivar tus emociones por medio del afecto y la inocencia que despierta un hijo. Regula tu disciplina, aprende a ser flexible, respeta lo que ellos son y deja de esperar de manera neurótica lo que deben ser.

Si tú eres hijo de un padre en injusticia, aprende a no engancharte con su rigidez, no intentes complacerlo en todo, construye una identidad propia y perdona la rigidez y la incapacidad de ser espontáneo y flexible. Tu padre no es una mala persona, no te odia, no lo hace para lastimarte o herirte, lo hace porque es la única forma que conoce para decirte que te ama y le importas. Evita enojarte con lo que él es, mejor aprende lo que creas que te funciona, lo que puede servirte y acepta que este padre te ha enseñado muchas cosas útiles y buenas, quizá no de modo adecuado, pero valora lo que has desarrollado a través de su educación. Aprende a ponerle límites, pero no como si fueras su padre, sé un adulto, no discutas y deja claro lo que quieres.

No juegues a ser su padre que lo alecciona ni a ser un niño dolido por su injusticia. Dile cómo te hace sentir, pero de manera adulta, o sea, mostrando una actitud responsable ante lo que pasa, dando tu punto de vista y respeto por su manera de ver las cosas.

Recuerda que todo depende de qué tanto esté activo el padre-niño, no siempre está presente esta máscara y puede ser más espontáneo. Cuando su herida está abierta, es difícil decirle lo que te pasa porque lo traduce como una demanda, un reclamo o un señalamiento de su error, y esto los pone a la defensiva. También cuenta la edad, pero recuerda que, en general, en esta herida hay mucha rigidez. Creo que a veces hay que renunciar a la necesidad de recibir afecto de estos padres y la aprobación que tanta falta hizo.

Hoy que eres adulto puedes llenar esa carencia. Recuerda que él no sabe darlo, pero no es personal. Toda la gente con la que proyectes una sana autoridad y admiración, por ejemplo, un jefe, un terapeuta, un entrenador, un doctor, pueden ser relaciones que llenen una parte de tu necesidad de acompañamiento y relación, o sea con una autoridad que te sea sana y consciente.

En todas las heridas, cuando la máscara padre-niño aparece, todos estos comportamientos se activan. No tenemos la máscara activa siempre, seguro que si eres padre y te identificas con alguna de estas heridas, sabrás cuándo sientes estos comportamientos con tus hijos y cuándo no. Todo depende de qué tanto has manifestado el *verdadero yo*. Cuando el *verdadero yo* gana terreno, la máscara de dolor está menos activa y menos tiempo.

Llenar tus necesidades con padres-niños heridos es casi imposible. No olvides que si esta máscara está activa mucho tiempo, o una gran parte de su personalidad, en realidad ellos son niños necesitados, más que padres capaces de dar. Hay que aceptar cuando el árbol da limón y no esperar naranjas, construye otras relaciones sanas que otorguen afecto, protección y aprobación.

Podemos llenar nuestras necesidades afectivas con otras personas, pero recuerda siempre que debe ser desde el adulto y no desde el niño herido. Esto puede ser otra decepción, otra forma de abuso o abandono. Elegirlo desde el adulto te hará responsable para construir una relación, entendiendo que no es demandar lo que tus padres no te dieron, o sentir que ellos deben dar afecto porque tú ya los elegiste. En realidad, el propósito es disfrutar conscientemente un nuevo modelo de autoridad o una relación de protección, y acercarte sin expectativas rígidas a una relación basada en el respeto y la admiración por el otro.

No busques padres en tus relaciones actuales que paguen la factura de los tuyos, sé muy consciente de tus proyecciones para dejar de repetir el rechazo y el abandono. Recuerda que si lo buscas desde el niño necesitado o enojado, la historia se repetirá; si buscas construir una relación como un adulto responsable de tus necesidades y actos, puede ser una relación súper sanadora. La diferencia está en la conciencia y en el adulto.

La posición máscara de dolor, *verdadero yo*, se intercambia. De pronto, estamos desde el padre-niño herido y de pronto desde el padre-adulto.

Para reforzar los comportamientos del padre-adulto, desde la actitud consciente y la elección, desglosaré una serie de actitudes y modos de ser y de pensar de un padre-adulto que te servirán para elegir mejores actitudes, cuando sientas que el padre-niño toma el control de la situación.

Padre-adulto

Un padre adulto primero que nada es responsable de él. Se conoce, sabe sus vicios y defensas, conoce sus máscaras y es capaz de darse cuenta cuándo actúa su máscara de dolor.

Es responsable de su manera de pensar, de responder emocionalmente ante las circunstancias, no evade su responsabilidad ni culpa a los demás por su manera de sentir y actuar. Es consciente de lo que hace y responde ante eso.

Un padre adulto se equivoca, pero aprende de sus errores, es capaz de reconocerlos y hablar con sus hijos para pedir disculpas. Entiende que con eso no pierde autoridad, al contrario: enseña la manera de asumir un error, ya que seguro ellos también los cometerán. No se la pasa pidiendo disculpas, aprende, se hace responsable y se compromete consigo para dejar de hacerlo.

> Un padre-adulto educa con el ejemplo, y eso desea enseñar a sus hijos. No miente si no quiere hijos mentirosos, no critica a los demás si no quiere hijos que lo hagan; paga sus deudas, disfruta la vida.

Trata de ser todo ese bien que desea en sus hijos, porque ahora ya sabe que es observado todo el tiempo y está mostrando un modelo a cada instante.

Es una persona que se respeta. No está peleado con lo que es ni rechaza su cuerpo, su forma de sentir o de ser. Busca estar en paz con lo que es y trabajar con lo que no le gusta. Sabe lo que no le gusta, incluso puede compartirlo con sus hijos cuando son más grandes; puede ser un canal de comunicación, pero siempre desde el respeto y la autoaceptación. Es una persona capaz de dar, es generosa y sabe ver las necesidades de los demás sin olvidar las propias.

Un padre adulto entiende que la manera de hacer feliz a sus hijos es siendo feliz como persona y teniendo una sana relación de pareja. No importa el amor que le des a tus hijos, si no se lo das a tu pareja, porque eso crea un vacío en ellos. Dar ejemplo de cómo se aprende a ser feliz en pareja, a resolver los conflictos, a construir una comunicación, a vivir un amor compañero, son ejemplos básicos en sus vidas.

Un padre-adulto no justifica su existencia en sus hijos. Tiene una vida que le entusiasma, sus hijos son parte importante de ella pero no el todo. Cuando un hijo siente que es todo el mundo afectivo de un padre, termina asfixiándolo y haciéndolo preso de ese afecto. Nada más feliz que tener un padre que llene sus necesidades, que tenga una vida social rica y llena de afectos, suficiente para que sus hijos no estén atados a él. Un padre-adulto entiende que todo lo que vive es una elección y no producto de la mala suerte. No es una víctima de la vida, incapaz de cambiar su realidad o una persona pagando sus culpas. Un padre-adulto responde por sus elecciones, sabe que está donde tiene algo que aprender y cambiarlo cuando lo elija. Deja de quejarse de su realidad y sabe que si sigue en ella es porque obtiene un beneficio, pero si no se mueve no tiene derecho a quejarse.

Educa con base en la libertad y no en la deuda. Sabe que educará, amará y dará a sus hijos alas para que vuelen y no atarlos a sus necesidades y vicios. Un hijo sano volará y será agradecido por lo recibido, regresará a dar amor y no a pagar deudas. Un padre-adulto promueve una actitud de independencia y permite a sus hijos asumir su responsabilidad, sus retos, los deja que se prueben porque confía en su fuerza y sabe que es un aprendizaje fundamental en su formación.

No les da todo de lo que careció. Un padre-niño que da todo lo que no tuvo a su hijo, podría caer en un exceso, creando a un hijo sin capacidad para generarlo o que recibe más de lo que merece. Un padre que le da todo lo que no tuvo a su hijo lo hace desde su carencia y su dolor de niño carente y no desde el amor a su hijo. Un padre-adulto regula y sabe que lo más importante es formarlos en una cultura del esfuerzo, de la frustración y de entender el valor de ganarse las cosas. Sabe reconocer, compensar, incentivar, mirando sus capacidades y necesidades. Recuerda que dar de más a tus hijos siempre encubre una culpa, vergüenza o carencia personal y los llevará a una discapacidad muy dolorosa para ti.

> Un padre-adulto es flexible y sabe que sus hijos están en cambio constante. Esta cualidad le permite renovarse, cambiar y adaptarse a la realidad que vive su hijo, muy diferente a la que él vivió. Puede acompañarlo y actuar conforme sus hijos lo necesitan y hablar su mismo lenguaje. Una mentalidad abierta al cambio es muy importante para el padre-adulto.

Tiene vida social, sabe que es importante crear vínculos, espacios de diversión, salir del deber y tener amigos que enriquezcan la vida social personal y la de sus hijos. Los amigos son la familia elegida. Hacer un buen grupo de buenos amigos complementa la felicidad y crea un modelo de cómo convivir, establecer afectos y relacionarte con alegría. El aislamiento es un reflejo de lo que no está sano en el interior y genera apego a lo que hay.

Un padre-adulto sabe que la comunicación honesta es el canal más importante de educación y contacto con sus hijos, lo promueve e incentiva. Sabe escuchar y ser confiable con lo que sus hijos le comparten. Promueve una cultura de que los problemas se resuelven hablando y nunca se hace de la vista gorda cuando sabe que algo debe resolverse. Promueve la comunicación, escucha, da espacio y lugar para que esto suceda.

Sabe que sus hijos tienen vida y necesidades propias, que irán construyendo un criterio propio y tienen derecho de vivirlo así. Ellos no son una extensión de él, ni le pertenecen. Un padre-adulto aprende a conocer esos criterios y a distinguir la necesidad que su hijo tiene a través de ellos.

Un padre-adulto se informa, estudia, lee y aprende sobre el arte de ser padre. Sabe que si no se educa, repetirá los modelos de educación que él tuvo porque son los únicos manuales que hay en el archivo interior. Disfruta tomando cursos, leyendo y adoptando mejores ideas para ser un mejor e informado guía. Nunca piensa que ya lo sabe todo ni que los hijos se educan por instinto.

Es autosuficiente en lo económico y no está todo el tiempo con deudas o padeciendo por dinero. Podemos vivir al día, pero sin quejarnos por dinero porque esto carga negativamente a un hijo que siente que debe rescatar a su padre de las deudas o la pobreza. Da una imagen de padre débil, frágil y carente, que el niño vive como una carga y con angustia. Un niño no debe estar angustiado por dinero, no lo puede resolver, no le corresponde y cuando te ve preocupado por eso lo vive con angustia. Un padre-adulto vive con dignidad sus finanzas y se hace cargo de esa parte sin involucrar a sus hijos, echarles en cara algo, ni decirles que todo fue por pagar su colegiatura. Eso es terreno del padre-adulto y no del hijo.

Recuerda que tu permiso de abundancia y paz con el dinero será la referencia de su propia abundancia. ¿Tú quieres hijos abundantes o carentes?

Un padre-adulto construye una relación cercana con sus hijos desde el modelo de la paternidad. Sabe que sus hijos no son sus amigos, ni él su terapeuta, consuelo o consejero. La diferencia de una comunicación abierta entre un amigo y un padre es que el padre sabe todo el tiempo que educa a su hijo y es consciente de la información que le da y que podría ser dañina o no útil para su hijo, o sea, lo cuida, lo mira, no se deja ir con todo sin pensar en que quien está del otro lado es su hijo y él es una influencia importante. Nunca es una relación horizontal, es una relación de padre e hijo con un halo de autoridad muy importante que no debemos ignorar.

Un padre-adulto sabe ser niño libre con sus hijos, sabe que mediante el juego habla el lenguaje de sus hijos y que los momentos de risas y diversión son impactos inolvidables al alma de su hijo. ¿Quién olvida una tarde de bici con su papá? ¿Quién olvida ese día donde se murieron de la risa como dos niños? Los momentos de juego son fundamentales y el adulto da espacio al niño libre que hay en nuestro interior para que se divierta con nuestro hijo de manera sana y libre. Esto le hace ganar complicidad y autoridad con su hijo. Después del juego, sigue siendo su padre.

Para que un hijo obedezca mejor, se debe crear esa complicidad y ese vínculo. Un padre que no juega con sus hijos nunca habla su lenguaje y no crea complicidad. Los espacios de juego donde ambos disfrutan y ríen como niños son bálsamo para cualquier relación y más para una padre-hijo.

Recuerda que no se trata de fingir que te diviertes y juegas con tu hijo. Debes hacerlo desde tu propio niño libre y darte ese permiso de disfrutar la bella presencia de tu hijo, haciendo algo que te parece divertido y gozoso. Si te diviertes y lo disfrutas, tu hijo lo hará de manera natural. Un lenguaje de juego en común será sanador para ambos.

En resumen, un padre-adulto es una persona viva, consciente, responsable que sabe que está presente en la vida aprendiendo, creciendo, respondiendo con actitud los retos de ser padre. Lo más importante de un padre-adulto es conocer sus carencias y no imponerlas a sus hijos; conoce su máscara, sus heridas y trabaja generosamente por no castigar a sus hijos con ese dolor.

No transmite el dolor ni se permite lastimar a sus hijos con su propio dolor. Créeme que es más un tema de conciencia y elección de todos los días, no de perfección.

Es más fácil cuando elegimos que lo que somos no lo cargarán nuestros hijos desde el amor y el respeto por ellos. Cuando sabemos quiénes somos y somos conscientes en el aquí y el ahora de no lanzar nuestra sombra, nuestro lado carente y doloroso, entonces vemos claro a nuestros hijos, les damos la posibilidad de crecer con menos máscaras, dolores y defensas. Más capaces de vivir esta vida que no es fácil para nadie. Es un reto vivir una vida despiertos, sin pasarles a nuestros hijos nuestras carencias; es un reto perdonarnos cuando nos equivocamos.

La vida no es fácil, insisto, pero estamos en ella, hay que aprender a vivirla. También tiene cosas maravillosas que nos llenan de emoción, nada como la vida para sentir el amor por un hijo, la ternura inmensa de que depende de ti, la alegría de ver que se convierte en un hombre feliz, con su propio criterio, dispuesto a vivir. La vida tiene una dualidad muy grande: de pronto es extraordinaria y bellísima y de pronto carente y atemorizante. Eso somos, ¿venimos a esta vida a ser felices? No creo. Venimos a vivirla con todo lo que implica: a aprender, caernos, sentir dolor, perder lo que amamos, ganar, frustrarnos, equivocarnos, disfrutar, llorar, cerrarnos y volver a confiar. Odiar y amar la vida. No creo que venimos únicamente a ser felices, la vida tiene mucho más que eso.

Mejor aceptemos la vida como es y vivámosla con mejores herramientas. Dejemos de lado la neurótica pretención de querer siempre ser felices y adoptemos una filosofía de aceptar lo que hay, con la esperanza de cambiarlo y salir de las experiencias aprendiendo. Que un dolor nunca se vaya sin lección y podamos ser mejor ejemplo para nuestros hijos y los que nos rodean. Esto se construye en la acción, el discurso se lo lleva el viento.

9

El edificio de la personalidad

Uno de los regalos más bellos que he recibido en esta vida es la oportunidad de aprender filosofía. Cuando tenía veinte años empezó mi camino de crecimiento a través de la filosofía, tuve la oportunidad de leer y enseñar por más de trece años libros como la *República* de Platón, *El centro invariable* de Confucio, a los Estoicos, *El Dhamapada* de Buda, *El Kybalión* y muchos otros textos que me llenaron de enseñanzas y profundidad en todos los aspectos de mi vida. Agradezco todo lo vivido y aprendido en este sendero de crecimiento y a todas las personas que me enseñaron cosas tan trascendentes que hoy son parte importante de este lugar interior, en el que me siento y me da alegría, paz y profundidad en todo lo que hago.

Creo que en toda la naturaleza existe un plan evolutivo, creo que tenemos un destino al cual, tarde o temprano, llegaremos. Como planteaba la alquimia, de hombres de plomo convertirnos a hombres de oro con una alta conciencia y un alto sentido de la virtud y la belleza. Muchas culturas, como la egipcia, maya, hindú, china, africana, griega y muchas otras, han tenido épocas doradas donde los hombres manifestaban un nivel alto de conciencia como hombres de oro, y podemos ver su legado en astrología, ciencia, arte y religión. Sus templos, sus códices, sus matemáticas, su cosmovisión aclaran que no eran bárbaros y que la historia es cíclica, ha habido momentos oscuros llenos de ignorancia y momentos de luz y sabiduría, como vemos en algunas etapas de estas culturas.

> Estamos en una época de cambios espirituales, vivimos un momento en el que es necesario abrir canales de conciencia y despertar de una época llena de dolor, materialismo e ignorancia a un nuevo renacimiento del hombre.

Es urgente porque vivimos mucho dolor como humanidad y si no despertamos y asumimos nuestro papel en este momento de carencias, puede prolongarse mucho tiempo más con todo el sufrimiento que esto acarrea.

Hay un plano espiritual que busca manifestarse a través de hombres y mujeres con espíritu de servicio, para que transmitan un mensaje de cambio y transformación. Entiendo que para muchos esto suena a discurso espiritual, pero es algo que en verdad siento y creo. Elijo asumirme como parte de este cambio urgente para generar desde mi pequeña trinchera una conciencia para salir del dolor que todos vivimos y aprender de él para llegar a ser adultos.

Hemos perdido el rumbo, como humanidad vivimos una crisis, es momento de movernos, aprender y cambiar, o caer en depresiones colectivas más dolorosas y quizá innecesarias.

No es fácil ser espiritual en un mundo como el nuestro, mantener una posición despierta y no perderse en el camino, pero hay que seguir inspirados y conectados con una esperanza de cambio. No importa si por medio de alguna religión, yoga, budismo, ciencia, arte; no importa el camino, lo fundamental es mantenernos en movimiento hacia una mayor conciencia, un crecimiento que nos dé la esperanza de que todo tiene un sentido evolutivo y el dolor que vivimos, como decía el Buda, es un *vehículo de conciencia*.

Como parte de este proceso de crecimiento y búsqueda del camino de entendimiento que nos permita conocernos y entender, ¿qué debes aprender hoy?, ¿cómo aprenderlo mejor?, ¿cómo sanarte y continuar en un proceso de crecimiento? Es importante tener conciencia de que las heridas de la infancia son parte de un proceso de aprendizaje que puede llevarnos a otro nivel de conciencia o atraparnos en una etapa de falta de crecimiento e involución. Pensando en todo esto he desarrollado el esquema de la personalidad; con él aprenderás cómo se construye tu personalidad, explica las heridas de la infancia y te dice en qué parte de nuestra personalidad están enraizadas. Deseo que este esquema te ayude a leerte y a entenderte mejor.

He aprendido por diversos caminos que la vida crece y se desarrolla en cuatro planos y se manifiesta mediante ciclos. Estos planos constituyen niveles de conciencia presentes en todo lo existente, desde planos físicos hasta psicológicos y espirituales. Son caminos de aprendizaje y evolución que todos transitamos, estemos conscientes de esto o no. Conocerlos, aprender lo que cada uno tiene para nosotros, completar las tareas pendientes y seguir el camino de crecimiento, nos permitirá conquistar el adulto que somos y vivir con mayor armonía y voluntad.

Vamos a imaginar que tu personalidad es como un edificio de cuatro pisos, cada uno con características distintas, necesidades, tareas y potencialidades. Aunque son diferentes, juntos conforman el edificio de tu personalidad, que te permite operar en esta vida y crecer como individuo. Vamos construyendo los pisos de abajo hacia arriba; el cuarto es un piso más complejo y con procesos de adultos.

El primer piso es la base para el siguiente, en la medida en que tenga buenas bases y complete sus procesos; el siguiente será mucho más sólido y conformará una personalidad en equilibrio. Cuando no se completan las tareas y se construye nuestra personalidad con pocas bases o un poco "chueco", el piso que continúa será menos sólido y pondrá en desequilibrio al siguiente. Los pisos base, como primero y segundo, son fundamentales para que el edificio de nuestra personalidad sea una plataforma notable de los procesos que se construirán durante nuestra existencia.

Aunque edificamos los primeros pisos en la infancia, a lo largo de nuestra vida ponemos tabiques en cada piso; por ejemplo, habrá momentos clave como la muerte de alguien importante, una crisis familiar, o circunstancias complejas, crecer rápido y asumir responsabilidades que no corresponden a nuestra edad, y, en consecuencia, a veces edificamos pisos que, se supone, deberíamos consolidar con más experiencia y edad.

Cuando no levantamos bien los pisos base, uno y dos, y empezamos los pisos tres y cuatro, se presenta una falta de solidez. Construimos un edificio sin cimientos, una fachada que no sostiene el edificio de la personalidad.

En este edificio interior completamos tareas y aprendizajes. Las experiencias dolorosas se quedan en la memoria de ese piso y con un mecanismo de defensa propio de la edad en que lo vivimos.

Así, cada piso tiene su propio cuerpo emocional y sistema de creencias al nivel que está desarrollando.

Las experiencias dolorosas se quedan en el cuerpo emocional del piso donde se vivieron y nunca se olvidan. El cerebro está preparado para aprender más de lo adverso, como una medida de supervivencia. Las experiencias traumáticas nos regresan al piso donde fueron vividas, a la manera del niño de cinco años que las vivió. Por ejemplo, si mi madre me gritaba cuando yo tenía cinco años y me decía que era mala persona, esa experiencia dolorosa permanece en la memoria del piso donde viví la experiencia, y cada vez que alguien, que representa una autoridad para mí, me habla fuerte, a pesar de tener 38 años, me iré al piso donde se quedó fijada esta experiencia y la reviviré como si hubiera sido ayer, con el miedo del niño que fui.

Hay dolores que nos llevan a los primeros pisos, los de la infancia, en ellos quedó un dolor no resuelto que toma el control y se alimenta en el presente. Si te das cuenta de que revives un dolor del pasado, puedes desactivarlo y dejar de reforzarlo. Cuando soy capaz de comprender desde mi adulto que ya no tengo cinco años, que mi jefe no es mi madre y no soy una mala persona, esa experiencia deja de reforzarse como una realidad de sobrevivencia aquí y ahora. Entonces, sales del piso donde se construyó, la dejas de reforzar y la reconstruyes, y matizas con los conocimientos de tu adulto de hoy. Desde la inconsciencia actúas desde el niño que fuiste y las personas de hoy son los viejos padres en tu realidad interior.

Conozcamos los cuatro pisos de la personalidad. He puesto un promedio de edades y tareas de desarrollo en cada piso, recuerda que desde el vientre materno se edifica y cimenta este edificio interior que conforma tu personalidad que hoy necesita una remodelación y una reparación de los aspectos que no se concluyeron en etapas previas de tu vida. A continuación los pisos de la personalidad.

Piso 1. Yo tierra. Sensorial, niño

Es el piso de los aprendizajes de la vida. En él completamos tareas desde el vientre materno hasta los primeros siete años, aproximadamente. Aquí las tareas son afectivas. El vínculo y el sentido de pertenencia son fundamentales. Es muy importante que seamos cuidados, alimentados en todos los niveles, tocados físicamente, besados, protegidos, con entornos predecibles y estables. Es un plano muy físico, instintivo, sensorial, con procesos cognitivos importantes que se construyen con base en lo que siento del mundo que me rodea.

En este piso comenzamos nuestro proceso de maduración mediante una simbiosis amorosa con la madre hasta una separación de ella, donde me doy cuenta de que existo como ser independiente, con mis propios procesos de aprendizaje, necesidades e identidad. El pensamiento mágico, lo sensorial, la fantasía, la idealización de mis padres, la presencia de ambos como proveedores de afecto y contención, todo, en general, construye un primer piso que me permitirá desarrollar un *yo soy* sano y capaz de seguir creciendo.

> Somos como una semilla bajo la tierra llenándose de los nutrientes necesarios y creando las bases y raíces de lo que será una plataforma fundamental de la identidad.

Aquí desarrollamos el *yo soy* a través de la mirada de los que nos aman. Sé que soy valioso porque así me tratan, soy merecedor porque así me lo hacen saber, todo el *yo soy* se edifica con base en el afecto y la presencia de las personas que me educan y me ayudan a mirarme a través de sus ojos.

Las tareas de esta etapa son jugar, reír, imaginar, tocar y explorar; las sensaciones que experimento son protección y aceptación incondicional. La identidad *yo soy:* respetar límites, tener rutinas y estructuras y, sobre todo, sentir que es bueno vivir la vida, que estoy bien y puedo sentirme feliz en un mundo que me recibe, donde me siento a salvo. Eso es fundamental en el primer piso, el piso de las raíces.

Las heridas de la infancia relacionadas con este piso son rechazo y abandono. Si los sentimos en el piso tierra, se quedan fijos en nuestra memoria como un miedo de peligro de muerte, como un vacío en todo mi sistema, impactando muy fuerte ven toda mi personalidad. Por eso, el rechazo y el abandono son las heridas más profundas, están en las raíces del piso tierra y se quedan en los cimientos de la personalidad. Mientras más traumática sea mi experiencia con estas heridas, más fuerza tendrán y puedo revivirlas una y otra vez. Cuando se activan, regreso al piso uno, al piso tierra de mis procesos de semilla o de niño menor de siete años.

Percibimos las reacciones del piso tierra como actos instintivos, infantiles, compulsivos e irracionales; en fin, todas nuestras reacciones de dolor si sentimos que nos abandonan o rechazan. En el presente revivimos los dolores del pasado como si hubieran sucedido ayer. Podemos tener heridas en los siguientes pisos, pero las heridas de rechazo y abandono vividas durante los primeros siete años están clavadas en la personalidad, y con ello en la raíz de los que nos duele y tememos profundamente.

Por ejemplo, a una niña que tenía cuatro años su mamá la dejaba sola porque se iba a trabajar, al despertar, la pequeña no veía a nadie. Cuando su mamá llegaba de trabajar, la niña estaba muerta de hambre y de miedo. Esa memoria tan traumática ha determinado su manera de estar en la vida. Hoy esa mujer vive con un hombre casado que siempre se va y la deja sola; ella no trabaja, no sabe ocuparse de sí, vive todo el tiempo como una niña desprotegida e incapaz de crecer.

Se quedó atrapada en el piso uno y experimenta una dependencia hacia su pareja igual que como niña de cuatro años con su madre.

Crecemos físicamente, nos hacemos adultos, pero si el piso uno está inconcluso nos convertimos en ese niño por momentos o todo el tiempo, y vivimos como si fuéramos ese niño desprotegido, abandonado, no querido, lleno de miedo.

El niño que fuimos en el piso uno desarrolló defensas y modos de adaptación. De no ser así, no estaría vivo. Todos estos modos de adaptación están en la descripción de las heridas de rechazo y abandono del capítulo dedicado a las falsas personalidades. Estas heridas están en la raíz de lo que somos. Hay que tener más paciencia y, sobre todo, amor hacia nosotros para sanar. Entender que todo lo que construimos en nosotros como aislamiento, disociación, dependencia, victimismo, fueron nuestros mecanismos de defensa en años vulnerables y debemos transformarlos con amor y paciencia.

Otro ejemplo son los códigos físicos. Si en los primeros siete años aprendimos a protegernos por medio de un cuerpo obeso, ese registro se queda en el plano tierra como una defensa más difícil de desactivar. No obstante, sin duda, se puede cambiar con paciencia, voluntad y constancia.

En este piso se forman las raíces de nuestro autoconcepto, de nuestras creencias y los dolores más viejos surgidos en el vientre materno. Se expresan de maneras inconscientes e instintivas. El cuerpo es un claro ejemplo de todo lo no completado en el plano tierra: enfermedades, formas del cuerpo, lo que no se desarrolló físicamente, como un mentón pequeño o una cadera angosta; todo es un reflejo del plano tierra y de los nutrientes afectivos que no avanzaron fuertes al siguiente piso.

Sabemos que tenemos tareas pendientes porque somos dependientes, necesitamos caricias, vínculos amorosos; en algunas áreas de nuestra vida somos incapaces de movernos, nos sentimos rechazados. Podemos estar aislados, no sabemos ser íntimos o nos sentimos como niños desprotegidos e incapaces de tener una vida propia, o sin miedos de satisfacer nuestras necesidades y construir la vida adulta que queremos.

Cuando tenemos un piso tierra sólido o suficiente, experimentamos la vida con gozo, somos abiertos y nos sentimos bien con nosotros. No buscamos agradar y hacer mil cosas para ser aceptados. Respetamos la vida, somos espontáneos, creativos y libres. La inocencia y la esperanza son factores indispensables que conservo para recordarme que todo es posible y transformo el mundo en que vivo. La pérdida de la esperanza es propia del niño herido.

El que sana confía en la vida, es explorador, le gusta lo nuevo, sabe reír y le gusta aprender cosas nuevas. El piso tierra sano es contar con un niño libre que disfruta ser él, se expresa con libertad y sabe gozar la vida.

Eso no significa que ese niño gobierna tu vida, porque es gobernada por la conciencia adulta, que se expresa mediante ese *verdadero yo* que te permite vivir la vida siendo tú.

Vives una parte de este niño cuando te sientes aceptado y amado, disfrutas la vida, sientes placer y gozo natural. Todos o casi todos vivimos momentos así, donde las defensas se caen y dejamos de ver al verdadero *yo* libre y feliz. ¿Recuerdas la última vez que te sentiste así? Cuando juegas con tu perro, haces algo que te da placer; también estás con personas con las que te sientes libre de ser tú, convives con la naturaleza o con niños, esos momentos pueden ser oportunidades para expresar o conocer el *verdadero yo*, que nunca muere en nosotros, permanece oculto por el *yo* herido y la falsa personalidad que cree que todavía nos protege sin entender que, en realidad, nos lastima alejándonos de nuestro *verdadero yo*.

Para recuperar al *verdadero yo* hay que ir al piso uno y, como dice el libro *El caballero de la armadura oxidada*, transitar un sendero de sanación que derrita la armadura que nos acoraza ante la vida pero, sobre todo, ante nosotros mismos. Tu armadura fue tu mejor recurso de niño, me pregunto, ahora que eres adulto ¿por qué no alcanza para más?

Piso 2. Yo agua. Emocional, adolescente

En este piso ya tengo la base del piso tierra donde desarrollé el *yo soy*, que se expande en este lugar, pues ya que tiene más conciencia: integra tareas de pertenencia, modelos sociales, modos de relación, nuevas referencias más allá de padres y familiares; todo lo social y mi vínculo con el mundo es muy importante en el piso agua, el dos.

Es una etapa entre los ocho y los catorce años. A nivel neurológico, dicen los expertos, es una etapa crítica para el cerebro, pues crea patrones de conducta que se quedarán en la memoria. Las formas de relación que aprendes en esta etapa son una referencia de lo aceptable y permitido para siempre en tu cerebro.

Por ejemplo, si en esta etapa de tu vida observas a tus padres tratarse con respeto y vivir en armonía, o si tu padre golpea a tu madre, todo lo que nos da una referencia del modo de relación se fija en el cerebro y se internaliza en el segundo piso de la personalidad. Muchas veces actuamos como nuestros padres y tenemos reacciones que desconocemos como propias, pero nos damos cuenta de que así gritaba tu mamá o hablaba tu papá. Cuando actuamos así nos vamos al piso dos y vivimos lo aprendido.

El piso agua ya no es de niño, es más un piso joven, adolescente. Tiene más autonomía, fuerza, rebeldía, capacidad de hacer cambios. En general eres más emocional. En este piso, las tareas de desarrollo se relacionan con el mundo más allá de mis padres. Por eso cuestionamos todo, buscamos nuestros propios valores, queremos hacer las cosas a nuestra manera, estamos construyendo el diseño de lo que somos.

Buscamos pertenecer a un grupo de amigos, sentir que puedo interactuar y ser yo mismo, surge la experiencia colectiva y mi interacción con los demás, la identidad como hombre o mujer, la atracción por el sexo opuesto, todas son tareas del segundo piso que a la larga formarán mi base social propia.

Hay una rebeldía hacia lo establecido, buscas nuevos modelos que te den identidad y hay mucha fuerza para los cambios. Todos los pisos de la personalidad pueden ser vividos en la edad que corresponde o en otros momentos de la vida, donde el ciclo se repite o las tareas pendientes se completan. Puedes vivir experiencias del segundo piso cuando vas con tu grupo de alpinismo y surge una vivencia de camaradería y fraternidad, o cuando sales con tus amigos y sientes pertenencia y espíritu grupal.

En esta etapa es importante hacer las cosas a nuestra manera, probarnos, establecer una identidad propia por medio de la música, nuevas ideologías, grupos de voluntarios de alguna causa, etcétera. Sentir que puedo ser independiente, hacer un viaje de intercambio escolar por un año en el extranjero, probar mi libertad y mi capacidad de relacionarme con los otros.

Es fundamental el acompañamiento respetuoso de los padres, dar espacio, pero sin soltar por completo. Es propiciar libertad, pero con seguridad y atención. Aquí es como un nuevo nacimiento, pero al mundo y por sí mismos.

Los hijos necesitan guía, límites flexibles, responsabilidades y estructura, un "te doy espacio", pero "estoy aquí cerca y no te suelto del todo".

La etapa agua es la semilla que ya salió a la luz y empieza a tener sus retoños y a interactuar con el medio. Es fundamental recibir los estímulos externos y relacionarse con los otros. Nuestra confianza en los otros se establece, si vivo una traición en este piso, puedo cerrar mi confianza el resto de mi vida. Por ejemplo, si tengo un novio que me traiciona con mi mejor amiga y yo no proceso ni curo ese dolor, se quedará fijo en mi desconfianza de manera muy importante durante muchos años, hasta que no regrese al piso agua a sanar mi sufrimiento.

Las experiencias dolorosas en la relación con los demás permanecen en este segundo piso. Por ejemplo, cuando nos sentimos avergonzados de lo que somos, tenemos una fuerte decepción con los padres o con alguna persona muy significativa en la que confiábamos, como un amigo, pues sentimos que somos tratados con injusticia por el medio social.

En el piso agua generalmente se desarrollarán las heridas de humillación, traición e injusticia. Éstas suelen tener su raíz en el abandono y el rechazo que viviste en el primer piso, y ya en esta etapa más social se hacen aún más complejas, construyes defensas más sofisticadas, estás más consciente, toman más fuerza que en el primer piso.

Creo que las heridas de abandono y rechazo están en el primer piso y las de humillación, traición e injusticia en el segundo, donde agregamos una significación social a todo lo que vivimos. La falsa personalidad de estas tres heridas se desarrolla en el piso dos.

Otro aspecto del piso agua es la representación de los temas familiares no resueltos. Aquí manifiestas los conflictos de tu familia y los actúas. La violencia entre tus padres, el alcoholismo, la dependencia, la violencia, el abuso, la vergüenza. Desde niño, en el primer piso lees las reglas no verbales y las interiorizaste, pero en el segundo las actúas y tienes actitudes como herirte, consumir alcohol o drogas, tienes actitudes rebeldes en la escuela; es decir, tus acciones ponen en evidencia los nudos familiares, creando un conflicto en tu sistema. Aquí manifiestan tu inconformidad como joven lleno de energía. Esto pasa sobre todo al final del piso agua para entrar al piso aire.

Puedes observarlo cuando vives desde el piso dos porque pareces un eterno adolescente. No quieres salir a la vida adulta, ya sea a trabajar y a generar un proyecto que crezca, o empezar mil cosas, pero no tienes la fuerza y el compromiso para sostenerlas, o quizá no te sientas listo para conformar relaciones sentimentales serias y mantener relaciones de pareja que empiezan muy bien pero requieren mayor adultez y no te alcanza para sacarlas adelante. Ante la primera crisis sales corriendo, crees que todo se terminó sólo porque exigía un mayor compromiso, comunicación y el desarrollo de habilidades adultas.

Tienes 35 años, vives solo y te la pasas jugando videojuegos los fines de semana o esperas ir al antro y la fiesta con tus cuates, que se van casando. Te vas quedando en tu increíble vida de soltero eterno.

Otras actitudes que hablan de una gran influencia del adolescente interno es que no te gustan los límites y la estructura. Quieres vivir de manera espontánea. Esto hasta cierto punto es bueno, por ejemplo, si vas de vacaciones y no quieres hacer planes. Pero vivir siempre de manera espontánea es complicado.

Te molesta la autoridad, quieres imponer tus propias reglas y controlar todo. Te choca la gente que quiere ponerte horarios y controlarte, quieres que las cosas sean a tu modo y cuando lo dices, eres impaciente e intolerante.

Las personas atrapadas en este piso también pueden ser muy desconfiadas. Y, con el síndrome de "todas las puedo", deseas tener la razón siempre. Son competitivas, quieren que los demás vean que sí pueden. Son líderes y resolutivos. Presentan fuerza para los cambios, pero con un fondo de falsa personalidad y carencia, como en la herida de traición.

Cuando has completado bien este piso y se desarrollan sus tareas de manera suficiente, puedes pasar al siguiente nivel a completar el *yo pienso* y salir al piso agua para expresar la energía joven que lo representa como agua fresca, en movimiento, transparente, con fuerza, para llegar a tu meta y vencer los obstáculos; como el agua que hace crecer, cristaliza con un halo de jovialidad. Mucha fuerza para el cambio y mucha rebeldía bien enfocada son útiles para no conformarte con una vida gris.

Tener el piso agua es tener al adolescente con toda su fuerza, su jovialidad y su capacidad de cambio de tu lado. Podemos regresar a este piso cuando nos sentimos en grupo, con amigos y en camaradería, cuando hacemos cosas que van en contra de lo establecido, sin que esto afecte nuestra integridad. Por ejemplo, escaparte a Acapulco sin planearlo y vivir toda una aventura; hacer una travesura con tu pareja o participar en marchas o grupos donde se busque un cambio; ir a bailar y pasarla muy divertido, evitar la rutina y lo conocido.

Es tener voluntad, tomar riesgos y la fuerza para hacer lo que sueñas. Es fundamental tener esa jovialidad en el interior, no gobernando tu vida, pero sí acompañándote para renovarte. Los rebeldes con causa son los que han cambiado al mundo. Recuérdalo.

Es distinto contar con el joven interno dirigido por el adulto, a que el joven gobierne tu vida. En el piso dos encontrará un camino de expresión y una forma inteligente de manifestar su fuerza para la conformación del piso tres, el siguiente:

Piso 3: Yo Aire. Mental, adulto joven

Es el piso del discernimiento, donde maduramos los procesos cognitivos y se fija una posición más pensante en la vida. Biológicamente se establece desde los quince hasta los veintiuno, en el caso de las mujeres, y los veinticuatro en el caso de los hombres, ya que las mujeres maduran primero. A nivel neurológico se conforma la corteza prefrontal, parte del cerebro donde tienen lugar procesos más adultos, no movidos por las emociones sino más por la razón.

Las tareas de desarrollo en este piso son: asumir la responsabilidad de la vida adulta, configurar metas y alcanzarlas, vivir las consecuencias de los actos, asumir una sexualidad responsable, desarrollar conductas adecuadas para la vida social, reconocer y aprender de los errores, establecer relaciones sentimentales significativas, aprender a autorregularme en varios aspectos de la vida, tener control de mis impulsos y emociones, hacer planes y llevarlos a cabo, encontrar un lugar en el mundo adulto.

Aquí se consolida la identidad que me acompañará siempre, más allá de los padres y lo aprendido hasta hoy. En este tercer piso de la personalidad se conforma el *yo pienso*, un yo inteligente con mayor conocimiento en todos los niveles. Aquí es importante discernir, abrir el mundo intelectual y tener modelos adultos inspiradores.

También integras o rechazas los modelos y las alianzas con tus padres. En el piso dos los actúas manifestándolos y en éste eliges si los repites o los rechazas para siempre, optando por otra visión y una manera diferente de hacer las cosas.

El piso tres es como si escribieras los códigos que te acompañarán siempre, las reglas y los valores. Es la etapa donde se estabilizan tus impulsos emocionales, tus cambios hormonales, y todo el proceso físico del adolescente al joven se ha equilibrado, la razón domina más que el impulso. Puedes darte cuenta, elegir sin necesidad de tanta adrenalina, establecer metas, tener logros escolares, encontrar algo que te apasiona, dirigir mejor tu vida con base en lo que quieres desde una mayor conciencia.

La escuela y todo lo que aprendes desde la secundaria hasta la universidad son importantes para el conocimiento y la edificación del piso tres, que necesitará toda la información, la disciplina, la estructura, el conocimiento, el cumplimiento de las responsabilidades escolares, las tareas, los logros, el desarrollo de nuevas habilidades; así como reconocer tus capacidades, observar lo que te gusta, aprender de tus errores. En fin, todo lo cognitivo es básico para madurar el piso tres que nos permite aumentar nuestra visión de nosotros y del mundo.

Muchas personas maduran en el piso tres trabajando desde muy jóvenes, ya que no tienen la oportunidad de estudiar. El trabajo y todo lo que aprendes en el mundo laboral, la administración de tu dinero, cumplir con horarios y metas a otro nivel, tener la libertad y el poder que da el dinero, son parte de las tareas del piso tres, de la vida adulta.

Hay personas que maduran el piso tres sin madurar uno o dos o ambos. Si tuviste padres que te exigían un comportamiento de adulto siendo niño, entonces activaste un piso tres sin estar listo; cuando cuidaste a tus hermanos siendo niño, te hiciste cargo de ti mismo porque no tenías un padre que te cuidara y te permitiera crecer en paz; todos los procesos de maduración rápida se cristalizan en el piso tres. Al no tener conformados el piso uno y el dos, y saltas al adulto, te incapacitas para vivir los valores que desarrollaste en los pisos anteriores. Si desde niño tuviste que crecer rápido, es muy probable que tengas varios vacíos en los pisos uno y dos de la personalidad, y toda la energía se vaya al tres, haciéndote una persona con muchas defensas; alguien rígido, plano, serio, formal, racional, ordenado, estructurado, con poca espontaneidad y capacidad de ser flexible. El gozo y la libertad del niño, la fuerza y espontaneidad del piso joven están atrapados en éste que se edificó rápido.

> Las tareas de desarrollo de esta etapa son asumir la responsabilidad de mis elecciones y actos, cumplir con mis compromisos, desarrollar autonomía en mis actividades, asumir mayor responsabilidad, aprender y expandir mi mente con el conocimiento, desarrollar confianza en mis habilidades y reconocer mis recursos personales, tener una capacidad de autocrítica, ver mis errores y aprender de ellos, estructurar mi tiempo, tener una atención selectiva y autorregulación.

Desarrollar un piso joven sano depende mucho de la responsabilidad que nos den los padres, de la confianza en nuestras capacidades, del ejemplo que tenemos de ellos como adultos. Los padres muy controladores y rescatadores no permiten asumir la libertad del piso aire a sus hijos y los condenan a una vida de dependencia como eternos adolescentes.

Como padres, en esta etapa hay que propiciar que los hijos piensen por sí mismos, vivan sus equivocaciones y acompañarlos a aprender de los errores. Podemos crear un lazo adulto-adulto más que padre-hijo, eso lo permite la comunicación y los espacios de convivencia en el mundo adulto; por ejemplo, hablar de política, acompañarlo en un trabajo escolar, compartir experiencias laborales, generar una oportunidad de trabajo o una fuente de ingresos. Es importante que económicamente sienta la necesidad de generar sus propios recursos, por lo que no debe tenerlo todo.

Los papás que dan todo económicamente no permiten que el hijo desarrolle esa necesidad de ser productivo. Hay que darles, pero siempre propiciando que una parte sea generada por ellos mismos. Por ejemplo, si quieren ir de viaje escolar o comprar algo, deben pensar cómo generarán una parte de los recursos. Si quieren invitar a alguien a salir, hay que incentivar el ahorro y un cierto estrés por generar su propio dinero. No les des todo.

Este piso aire es como la libertad. Es soltarlos al vuelo y permitir que extiendan sus alas. Cuando tus pisos se construyen en tiempo y forma, es tu momento de salir del hogar y buscar tu autonomía en todos los niveles. Contar con tus pisos niño, joven y ahora adulto, te permite asumir una vida de riesgos y plasmar lo que quieres con más fuerza y autenticidad. Esto es lo que se espera, pero pocos padres acompañan a sus hijos con sabiduría hasta esta etapa. También sucede que somos tan ignorantes y poco informados cuando somos padres, que la vida de nuestro hijo empieza con un piso chueco y todo va creciendo sobre bases poco sólidas.

Cuando somos padres revivimos nuestros propios pisos con nuestros hijos, de manera que también aquí tenemos una oportunidad de sanarlos, reparamos o repetimos. Sin embargo, es la falta de conciencia por lo que casi siempre repetimos con nuestros hijos las mismas experiencias de dolor que vivimos con nuestros padres y no nos alcanza para reparar; no tenemos un adulto que nos permita darnos cuenta o nos damos cuenta, pero la fuerza del dolor es más grande y nos vence.

Creo que la mayoría tiene pisos chuecos por los estados de conciencia que repetimos en nuestros hijos. Las raíces no permiten que el edifico de la personalidad sea sólido y crezca derecho. Por el poder de repetir el dolor vivido, lo llevas a todos los planos y en todas tus relaciones, de allí se forma una grieta desde la raíz hasta los pisos de arriba.

Un hijo que sintió rechazo en su etapa uno revivirá ese dolor en las etapas subsiguientes y lo reforzará en todos los niveles de su personalidad como una identidad muy fuerte. Esto se desactiva hasta el piso cuatro, llevándolo a una lección de vida y completando una etapa de crecimiento y evolución.

Las heridas son lecciones de vida que se completan en la conciencia. Si nuestros padres despiertan la suya y viven desde un lugar más libre y amoroso (y que conste que despertar la conciencia tiene más que ver con vivir desde otro lugar y entender lo que se debe hacer), entonces el hijo deja de reforzar ese dolor a través de ellos y evita hacer más grande esa herida.

Piensa que pudo haber sido una mala época, un momento de crisis que tuvieron tus padres cuando eras niño y después estuvieron presentes y fueron amorosos; esto permite que no se refuerce el dolor aunque el impacto esté en ti. Tendrás tu propio aprendizaje y tu propia tarea a través de ese dolor como un vehículo evolutivo en tu propia lección de vida, más allá de tus padres. Llegarás al propio nacimiento de tu conciencia para integrar con amor lo que no se completó y podrás desactivarlo en los que vienen, en tus hijos.

Todos tenemos cosas que aprender. El dolor es una realidad para todos, por más presentes que estén los padres, es parte de la vida y debemos aprender de él. Es lo que nos enseñan las heridas, a amarnos, a crecer y evolucionar, y mientras más conscientes seamos, menos dolor habrá en nuestras vidas y en las de otros. Creo que lo contrario del amor es el dolor. Cuando no hay amor hay dolor y, por alguna razón, el sufrimiento es un motor evolutivo hasta que aprendemos a amar.

Piso 4. Yo Fuego. Conciencia, adulto generador

El último piso de nuestro edificio simbólico es el de la conciencia, donde los procesos son menos físicos y sensoriales, como en los pisos anteriores. Lo que aquí se despierta es de carácter sutil. Los pisos van de los procesos físicos y sensoriales, como en el piso uno, a los procesos sutiles y energéticos de la mente o la conciencia.

Conforme nos ubicamos en pisos superiores somos capaces de ver todo el edificio; desde el piso uno o dos no podremos ver todo el panorama, lo único que veremos es nuestro piso y nuestra necesidad egoísta.

El piso fuego es el más sutil de todos, en él se viven procesos integrativos, tomamos el control de la vida y nos gobernamos desde el amor y el respeto por lo que somos. Es importante entender esto porque muchas personas poseen un gran autocontrol, pues tienen al niño o al adolescente amagado. Esto no funciona. En el piso fuego los demás se expresan y sabes cómo son y qué necesitan, tienes mucho contacto con ellos.

Este piso integra todos los niveles desde el *yo* niño, el *yo* adolescente, el *yo* joven, todo integrado en el *yo* adulto, en una sola conciencia. Ya no hay guerra en mi interior y tampoco en las cosas importantes, ya no soy arrastrado por mis dolores y pasiones, soy una persona más consciente de mí, que se dirige como una unidad con todas sus partes.

Este piso se activa cuando despiertas la conciencia, eres un mejor líder de tus partes, integras el dolor en un aprendizaje significativo. Es un piso integrador. Por ejemplo, cuando haces un trabajo personal y sientes que eso que sólo entendías ahora lo sientes y tiene un lugar distinto en el interior. No sólo lo sabes en el *yo* pienso, lo vives en el *yo* siento y lo integras en un aprendizaje significativo en las raíces del *yo* instinto.

Los tres niveles se juntan en una misma experiencia y despiertan el cuarto piso, *yo* conciencia, con una nueva lección integrada que, en verdad, transforma tu manera de estar en la vida.

Es el despertar del amor por ti que unifica tu historia, la unifica y da sentido a todo lo vivido, te hace sentir amor por tus padres y por la vida, te permite encontrarle un sentido a todo desde el sentimiento, la razón y la conciencia. Te sientes más unificado, en paz con quien eres, reconciliado con muchas maneras de supervivencia que te dominaron por muchos años y con todas tus posibilidades.

La mayoría hemos sentido el despertar en el cuarto piso, después de una experiencia culminante en tu vida, donde entiendes algo importante. Por ejemplo, por una enfermedad, una crisis, la muerte; después de una sesión de terapia donde integraste una experiencia desde el sentir y el pensar, después de un momento de reflexión o lectura, en que no sólo tu cabeza está activa sino también tus emociones acompañadas por el físico y lo sensorial. Es un estar presente con todo lo que eres, no sólo con tu cabeza o tus emociones.

Despertar el piso fuego es el destino de todos, es despertar el hombre de oro —del que hablamos al principio—, que integra al niño, al joven y al adulto que fuiste. Ese hombre de oro que está dentro de nosotros y que una vez que nos abrimos a la conciencia permitimos que se exprese, porque lo liberamos de la armadura que lo acoraza. Es todo un proceso, cuando activamos el piso adulto todavía hay muchos procesos de niño y adolescente que nos jalan. Vivimos algunas cosas como joven, otras como niño y menos como adulto.

Volvemos a los pisos de abajo y, de pronto, nos arrastran a las compulsiones y las pasiones, pero es un esfuerzo de voluntad e inspiración constante volver a la conciencia. Cada vez que despiertas una parte del piso fuego eres más tú porque se expresan todas tus partes desde la luz, desde el don que hay en ellas.

No es lo mismo cuando gobierna la vida el niño o el adolescente, que cuando llega un verdadero líder utilizando la fuerza de todos y unificando voluntades.

> Ser líder de uno mismo nos permite acompañar mejor a los demás. Si te llama el camino del servicio, es imprescindible despertar el piso cuatro de la conciencia. Esto te lleva a una posición más adulta, más compasiva, con menos apego, menos hambre, menos deseo de poder, éxito, reconocimiento. Eres más simple y genuino en todo.

Necesitas menos y estás más en paz contigo. Todo lo integrado te permite ser ejemplo para otros y la conciencia que despiertas es una parte genuina en ti que inspira a los demás.

Muchas veces confundimos el piso joven con el adulto de la conciencia, pero son muy diferentes. En el joven sólo entendemos a nivel racional, sin que esto mueva nuestra personalidad a un cambio en nuestra vida. Además, si no tienes integrado los pisos uno y dos, por mucho conocimiento que tengas, no podrás activar el cuatro, que necesita de los dos primeros. En realidad, el piso cuatro nace de integrar el yo niño, el yo adolescente y el yo joven.

En nuestra etapa de crecimiento, todos tenemos temas pendientes en los pisos uno y dos, el dolor nos jala y pone en guerra, nos hace sentir carentes y perdidos. Esto es normal, unos más otros menos, pero todos subimos y bajamos, algunos del primero al segundo piso, otros llegarán al tercero y los menos, al cuarto, donde nuestra conciencia es más completa.

Es fácil confundir el piso cuatro con el tres porque pensamos que ser consciente es saber muchas cosas, tomar muchos cursos, leer muchos libros, pero en realidad puedes seguir en el piso del yo pienso.

161

El piso cuatro está en la experiencia, no en la cabeza, hay más amor en tu vida, eres más tú. Es un piso más de hacer y vivir que de saber.

Por eso hay que aplicar lo aprendido. Llenar el piso yo pienso y no bajar la información a la experiencia, que es el mal de algunos. Guardamos mucho conocimiento, mucha información, pero no lo vivimos; sabemos qué hacer, pero no nos alcanza para vencer al niño que tiene el control o al adolescente que está enojado. De tal forma que lo entendemos, lo tenemos claro, pero no lo vivimos y nos empachamos de conocimiento. Eso es un mecanismo de defensa que puede perderte. Entiende: menos integra más. Si activas al *yo pienso*, intégralo en una experiencia en tu vida, si no, es infértil. Como diría un filósofo del que he aprendido mucho: "El conocimiento que no se vive es como las alas de los pavos que sólo sirven para echar tierra en los ojos y no para volar". Gracias JAL.

El piso cuatro es una oportunidad de vivir en una conciencia de unidad que está en mí, la integración de mis partes y su dirección hacía un fin más verdadero. Conforme avanzamos en este piso se integran otras fuerzas. Quizá hoy integrar el piso cuatro en nuestro nivel sería tener chispazos de bien, de congruencia e integridad con lo que digo, siento y hago. Quizá en algún momento conquistar el piso cuatro sea expresarnos transformando nuestra vida y mediante un impacto en la de otros a la manera de un Gandhi o una madre Teresa de Calcuta. Estos son ejemplos de una voluntad de fuego, sin apego a la materia, sin importancia personal y con una visión de unidad muy evidente.

Es la mitad que nos hace falta, la mayoría crecimos con la idea de que en esta vida encontraríamos nuestra otra mitad y seríamos muy felices con ella. Pensamos en una pareja, pero en realidad creo que es el *verdadero yo* que dejamos en la infancia para formar una armadura que nos permitiera aprender una lección de vida y después romper la armadura y regresar a él.

Es como la frase de John Bradshaw: "Para encontrar el hogar hay que salir del hogar." Es como un salir del *verdadero yo*, aprender las lecciones que sólo aprendemos con la armadura y el dolor, y después dejar de identificarnos con ella para trascender y expresar lo aprendido, y así ayudar a otros a pasar el mismo umbral. En eso creo. Conforme escribo, yo misma me entero de esto. Entonces decido caminar, pues el sendero es largo.

¿Recuerdas alguna experiencia del piso cuatro que cambió tu vida y te hizo una mejor persona?

Ejercicio

1.- Escribe cinco experiencias culminantes en tu vida, algunos momentos de alegría, dolor, separación o logro.

_____

_____

_____

_____

_____

2.- Después, piensa qué aprendiste de esto.

_____

_____

_____

_____

_____

CAPÍTULO

10

Sanación de las heridas en la personalidad

Cuatro pasos de sanación de las heridas

Primer paso: conocer la personalidad herida y desarrollar las tareas que no se completaron

Cuando estudiaba filosofía leí un libro muy bello, se llama *Bhagavad Gita,* es una epopeya hindú, parte de los textos sagrados de la India. Este libro narra la historia de una batalla entre dos ejércitos, los Kurus y los Pandavas. En el origen, ambos eran uno mismo y habitaban el mismo reino. Por ambición y poder, los Kurus desterraron a los Pandavas, y por eso se inicia la batalla, por la recuperación del territorio que les pertenece. Este bello libro contiene enseñanzas espirituales muy profundas a nivel simbólico.

Lo narrado simboliza la conquista de uno mismo, como el territorio perdido del cual hemos sido desterrados por nuestras máscaras de dolor o falsas personalidades. Cuando nos expresamos desde la defensa, todos somos iguales porque actuamos desde un patrón de dolor. Entonces, soy un controlador, un perfeccionista. Si reúno a un grupo con la misma herida, se darán cuenta de que actúan igual. Es decir, ninguno de nosotros estamos cortados con la misma tijera, somos diferentes, tenemos un *verdadero yo* único e irrepetible y cuando se expresa nos hace diferente a todos.

En el trabajo con la personalidad libramos una batalla con todos esos falsos *yo* que nos dan seguridad y con los que nos identificamos plenamente. Por eso si intenta no controlarlo todo o ser vulnerable, esto va en contra de la armadura que siempre te ha protegido. La batalla es con lo conocido, lo cómodo, lo que nos da seguridad, lo que sentimos nuestro aliado, con lo que nos hemos identificado pero nos lastima porque nos aleja de nuestro *verdadero yo*.

Cada uno de los hábitos de las falsas personalidades es un Kuru y todos los nuevos hábitos del *verdadero yo* son un Pandava. Necesitamos nutrir nuestros pandavas y hacerlos tan fuertes que libren una batalla con los Kurus, que son súper fuertes, maravillosos estrategas y llevan más tiempo como dueños del territorio.

Esto es claro cuando sales de una posición no sana. Por ejemplo, intentas dejar una relación que no te lleva a ningún lugar sano. Tus kurus empiezan a hablarte: "Él está con otra seguramente y tú tanto tiempo soportándolo; ahora que se conocen lo vas a dejar, ¿te quieres quedar sola? Creo que exageras en pensar que sus ausencias y faltas de respeto son sólo su culpa. ¿No crees que tú también lo has hecho así?" En seguida lo llamas para saber cómo está y tu Kuru acaba de darle en toda la torre a tu pobre Pandava que quería ser sano.

Librar la batalla requiere de algo muy importante: tu conciencia, estar presente con *tu* adulto observando *tus* partes en conflicto y *tus* típicos miedos con los que te convencen *tus* kurus. En la epopeya hindú, el héroe o líder de los Pandavas es Arjuna, simboliza a todos lo que libramos una batalla interior. Para iniciar, pide a sus huestes que coloquen su carro en un monte para ver al ejército enemigo; observa que está formado por familiares y amigos, él ha crecido con todos ellos, esa parte se llama el desaliento de Arjuna porque al ver tanto conocido, dice: "Prefiero que me maten a matar todo lo que conozco."

Eso nos pasa en el proceso de integrar lo nuevo, nos desalentamos porque no es nada fácil luchar contra los viejos hábitos, pues utilizan los argumentos que tanto miedo nos dan, como ser abandonados, traicionados o rechazados; y los Kurus saben que con esos miedos nos ganan y los nuevos hábitos quedarán como un anhelo inalcanzable. Es algo que debemos saber; si te mantienes alerta, te darás cuenta de cuándo caes en la trampa Kuru y podrás salir de ella para nutrir a tu nuevo Pandava, sano y tan necesario para ti.

Recuerdo a una paciente que mientras sostenía nuevos hábitos sanos, de pronto se dio cuenta de que sintió la necesidad de lo sano. Aún veo su cara de extrañeza, diciendo: "¿Por qué pongo tantos obstáculos? ¿Por qué no me siento culpable ante esto?" Y nos reíamos mucho por la idea… ¡qué raro es ser sano!, ¡ ser libre!, ¡elegir diferente a como siempre lo haces y sentirte bien! Quizá sea raro, pero te hace sentir muy bien, algo que vale oro, es la paz contigo. Eso habla de que tus Pandavas se fortalecieron y son capaces de librar la batalla contra tus viejas y nada sanas formas de vivir.

> El primer paso para el mantenimiento interior es conocer al enemigo, la máscara, la falsa personalidad, y hacerte un experto en ella, saber cómo te convence y cuáles son sus miedos, para desarrollar argumentos adultos y tirar los argumentos Kurus, inspirados por el niño y el miedo.

Es importante mantenerte alerta. Si te agarra en la inercia, no verás que ya estás otra vez alimentando la falsa personalidad. Sólo es posible ganar esa victoria de manera cotidiana si tu adulto está alerta y lo observas; pero si estás en piloto automático, es imposible sostener una nueva posición. La atención adulta es un gran reto, observa y pregúntate ¿quién está detrás de este pensamiento, un Kuru o un Pandava?; y cuando te lo cuestionas, la respuesta es muy clara. Si refuerza lo conocido es Kuru, aunque parezca Pandava.

Segundo paso: desahogar el dolor que encierra la herida

Sanar una herida es imposible, si no expresamos el dolor que encierra. La vida y los dolores presentes nos llevan al dolor del pasado y nos dan la oportunidad de sanarlo. El dolor no permitido, tragado, ahogado, no nos permite acumular la energía necesaria para librar la batalla contra los viejos miedos, ya que para mantener ese dolor aislado y negado se requiere una gran cantidad de energía. Si dejáramos de tenerle miedo al dolor y sentirlo en conciencia y empatía con nosotros, nos permitiría ganar energía para continuar el camino.

Cuando sólo entendemos nuestra herida no sanamos. Si conoces cómo se genera, cuál herida es, cómo se sana, pero sin tocar el dolor, entonces serás un experto en tus heridas, pero no en vivir en paz. Lo que en verdad sana es expresar el dolor que encierra desde la conciencia del cuarto piso, que es una forma de expresar el sufrimiento, integrándola en todos los niveles.

Muchos sabemos llorar. Quizá has llorado muchos años los dolores de tu infancia o se quedaron bajo candado y hoy parece que ya no están, pero los mecanismos de defensa siguen rígidos; o sea, tienes una personalidad poco flexible y con hábitos rígidos, señal de que el dolor sigue ahí. Es común que no sepamos cómo desahogar ese dolor negado o consciente, para que cure y libere, porque casi siempre lo expresamos desde el piso uno del niño y nunca llega al de la conciencia.

Cuando vivimos el dolor en el piso uno, lo expresamos como víctimas. Si ese dolor toca el piso dos, tomamos decisiones al respecto, y así despierta al piso tres. Ahí entendemos cómo lo generamos o lo permitimos, observamos cómo creamos ese dolor y sabemos cuál es nuestra responsabilidad. Y, finalmente, si despierta el piso cuatro, encontramos un sentido trascendente en ese dolor y una liberación muy profunda.

Hay formas de expresar el dolor, es como si empezara en el primer piso del edificio de la personalidad y después lo llevaras a través de la conciencia al piso siguiente, dándole un sentido en el presente y aceptándolo como una experiencia de aprendizaje en tu vida. Cuando lo vives en el nivel uno, entonces eres un niño desahogándote, sientes que la energía sale y cansa, pero no sana. Si lo expresas desde los pisos uno y dos, puedes sentirlo, haces berrinche y tomas una decisión impulsiva, como dejar de amar, vengarte, defenderte, ignorar y hacer como si nada pasara: eso pasa en el piso adolescente. Es como tomar una decisión respeto a ese dolor desde "la tripa". Cuando lo subes al siguiente nivel, ese dolor empieza a cobrar sentido. Puedes entender cómo se generó y cuál es tu parte en la generación de esa experiencia; pero cuando ese dolor toca el cuarto piso, transforma toda tu visión de las cosas, te miras con compasión y perdón, aceptas y abrazas ese dolor como parte de tu propia experiencia y de un aprendizaje de vida.

Como ves, hasta para expresar el dolor hay niveles, necesitamos salir del dolor victimista y berrinchudo para sanar las heridas. Esto se logra estando consciente cuando sientes un dolor, cuando en el presente algo tocó un dolor que se siente en tu pecho, en tu estómago, en tu cuerpo.

Muchas personas se anestesian emocionalmente y no saben sentir el dolor o lo reprimen y lo racionalizan. Racionalizar el dolor sin expresarlo es un mecanismo de defensa. Recuerda que cuando lo entiendes antes de pasarlo por el piso uno o el dos, sólo lo ahogas, lo tapas. La forma sanadora se enciende desde abajo y se expresa primero con el niño, o sea, en el cuerpo, en el pecho, en las sensaciones; después con el joven, en una clara emoción, y así hasta integrarlo en el adulto. Si pudieras llevarlo al "yo entiendo" del tercer piso, ese dolor estaría ya sanado.

Si sientes el dolor y lo racionalizas diciendo: "Siento tristeza por su indiferencia, pero en realidad no es tan importante, yo puedo actuar igual y a partir de ahora me va a conocer y verá lo que es ser ignorado." ¿Adónde llevaste ese dolor?, al piso dos, dice el adolescente. Es probable que si se queda en el piso dos, nace de una herida de traición, humillación o injusticia, comunes en el piso dos. Al no llevarlas a los pisos de arriba, vuelve a quedar atrapado donde está esa herida, es un dolor que te acoraza más, que refuerza las defensas y no libera.

Permitirnos el sufrimiento es una decisión difícil, sobre todo cuando sales de etapas dolorosas con mucho esfuerzo, ya no quieres sentir y quieres dejar de sufrir. Entiendo que llorar te hace vulnerable y frágil, eso puede ser muy amenazante. Entiendo que quieres ser feliz y no darle espacio al dolor, pero para sanar una herida no hay atajos, hay que vivir, expresar y significar el dolor. En el dolor del presente está la liberación del pasado.

El dolor es un motor, nos invita a movernos. Si no existiera, nos quedaríamos parados cuando alguien nos pisa hasta tronarnos los huesos. Ese dolor despierta nuestra conciencia, nos hace poner atención en algo que nos afecta y nos lleva a movernos y buscar el bienestar. No existe manera de vivir la vida sin dolor, es parte de ella, como diría Buda: "Elige entre el dolor y el sufrimiento." Vivir el dolor desde la conciencia es vivirlo desde el cuarto piso, en el sufrimiento, desde el primer piso. El dolor consciente es muy distinto, porque libera y te ofrece caminos.

En esta vida hay dolor, nadie lo puede negar. Necesitamos aprender a vivir con el dolor porque está presente desde que nacemos hasta que morimos. Se piensa que venimos a esta vida a ser felices, pero esa idea nos hace daño, pues venimos a vivir con todo lo que eso implica, con pérdidas y dolor mientras estamos vivos. Porque podemos desconectarnos y no sentir el dolor con conciencia, pero aun así, ese cuerpo, ese ser lo vive, aunque no se dé cuenta.

Tampoco debemos acostumbrarnos al dolor. Nadie quiere que esté presente en su vida, sentir dolor no es fácil ni deseable, pero cuando toca a tu puerta, debes aprender y necesitas moverte porque están a punto de tronarte los huesos; entonces acéptalo, escúchalo, exprésalo y tómalo como tu maestro de vida.

El dolor tiene una función. Aunque también existe mucho dolor innecesario que reproducimos porque sentimos que lo merecemos o nos hacemos adictos a él. Hay personas que encuentran placer en el dolor, es placer mortífero mediante la relación mítica entre Eros y Tánatos; Eros, la seducción, Tánatos, la muerte, extraño vínculo entre placer y dolor, presente en muchas personas enfermas de dolor.

Eso pasa cuando generamos dolor innecesario en la vida, nos alejamos del amor y el dolor es como una caricia. Las personas más alejadas del amor se acercan al dolor innecesario, que atrae más dolor porque es victimista, necio, oscuro. Sólo sirve para justificarse, para tener derecho a sufrir y así no moverse, castigar a las personas, no asumir su poder y soltar responsabilidades, sentir que la vida y las personas te deben y, entonces, no hacer nada porque los demás deben hacerlo.

Hay muchos beneficios en el apego al dolor. Es una gran justificación para no asumir la vida que mereces, te acostumbraste a sufrir, a mirarte pequeño y desvalido, a cobrar las facturas de tu dolor a los que tengan tan baja autoestima que creen que te deben. Eso parece cómodo, pero resulta muy caro para todos.

> Mejor es crecer, perdonarnos y perdonar a los que nos han lastimado, aprendiendo que la vida no es perfecta y tampoco fácil para nadie, que lo que no recibiste nadie lo tenía.

Esa persona que te traicionó no tenía lealtad en ningún ámbito de su vida; ese padre que te abandonó vive un abandono de sí mismo; esa madre que te rechazó se rechaza a ella, tanto que se acostumbró a vivir con el rechazo; pero no por eso no hay dolor. Hay dolor, y mucho, enterrado en la inconciencia y reproducido con actos inconscientes.

Ojo: si quieres salir del dolor victimista y adictivo, deja de consumir música que lo promueva. Tú sabes cuál. Y si no, sólo pon atención a la letra de la música que escuchas y dime si te lleva al piso de la conciencia y la responsabilidad o al del dolor y el apego. Tú eliges. Créeme que esa música sí te influye y te hace adicto.

Para sanar las heridas hay que perdonar y aceptar que la vida no es lo que esperas, tus padres no son lo que esperas, las personas que amas no son lo que esperas, tú no eres lo que esperas y esta vida hoy no es la que esperas, pero eso es bueno, hay que aceptarla como es y trabajar por lo que queremos que sea.

No creo en los remedios mágicos, sí en la misteriosa relación entre lo difícil y lo válido. Creo que todo lleva un proceso y un tiempo, no confío en las personas que me dicen que sanarán tus heridas con una máquina que decodifica tu dolor, eso no existe, y si existe, qué malo porque ese dolor es tu maestro. Aprende a tener paciencia, recuerda que el dolor que vives muchas veces es un dolor de los padres, de los abuelos, de generaciones que no aprendieron, es dolor que heredamos y aceptamos como parte de nuestro aprendizaje.

El mayor reto para sanar las heridas es mantenerte consciente, deja de convertirte en el dolor de la infancia, de identificarte con el niño abandonado o la mujer traicionada que no confía en nadie. Soltar esa identidad y construir una mejor da mucho miedo, porque, aunque con carencias, sentimos que nos protege y desactivarla lleva su tiempo. No hay prisa, sólo mantente despierto un solo día, que la inercia y la cotidianidad no te atrapen y cuando algo en la vida te despierte al papá abandonador que llevas dentro, tengas la voluntad de salir de la película interior y dejes de reforzar eso en la vida. Lo ideal es que puedas decirte: "Tú ya no eres un niño y esa infancia ya pasó."

Tercer paso: completar la tarea de desarrollo

En cada piso hay necesidades inconclusas y son importantes porque si no se sacian, la personalidad vive en el hambre. Hambre es lo que nos deja una infancia donde no fuimos vistos, protegidos, amados y respetados. Es posible llenar esa posición de carencia completando las tareas pendientes y desarrollando nuevos Pandavas o hábitos sanos.

Para cada herida describí las tareas que no se completaron y los antídotos para cada una. Vuélvelos a leer y elige tres para tenerlos presentes. Comprométete contigo y llévalos a la práctica.

En mi libro *Hambre de hombre* hablo sobre la importancia de ser un padre-madre de ti, lo que significa que esas tareas que no completaron tus padres, debido a su inconciencia, ignorancia y carencias, son tareas que debes completar para mandarnos un mensaje diferente. Por ejemplo, si mi madre siempre me ignoraba porque estaba ocupada con sus propios asuntos o los de todo mundo, excepto los míos, yo me quedé con el hábito de ignorar lo que necesito y ser una completa desconocida para mí. Ahora debo cambiar esa realidad y completar la tarea que mi madre no cumplió: escucharme y validar lo que necesito. Lo fácil sería ignorarte, eso ya está integrado sin ningún esfuerzo; la verdadera batalla será no pasar por alto lo que necesitas, escucharte, validarlo y llenar tu necesidad. Eso es completar una tarea pendiente.

Al completar las tareas, nos enviamos un mensaje muy distinto, es así como construimos autoestima. No desarrollamos autoestima cuando el trato que nos damos día a día es de poco respeto y aprecio por lo que somos. Si creciste con ese mensaje y en tus actos de adulto no lo cambias, no hay manera de sanar una herida. Es hermoso cuando eres capaz de escucharte y validar con respeto y amor lo que necesitas. Eso es lo que construye autoestima, integrar un padre-madre o nuevos Pandavas sanos que te traten desde el respeto, la autoconciencia y el aprecio por lo que eres.

Completar las tareas construirá un sistema inmunológico emocional fuerte. Y se refuerza con formas diarias de amor y respeto hacia ti. Busca alimentarte emocionalmente con buenos mensajes en tus hábitos y en tu compromiso contigo, completando las tareas pendientes e integrando una manera distinta de trato.

El trato respetuoso y comprometido con tu persona hará que tu sistema inmunológico emocional se refuerce y te permita atraer mejores realidades en la vida. A nivel físico, cuando tenemos un sistema inmunológico bajo, lo único que atraemos son enfermedades, bacterias y virus, arrastrados por las bajas defensas en nuestro cuerpo. Igual pasa con el sistema inmunológico emocional, la autoestima. Cuando la traemos baja, pescamos puras personas con carencias como las propias, para reproducir la misma realidad de carencias. Carencia llama carencia, abundancia llama abundancia. Si en la relación contigo no refuerzas un sistema fuerte, no habrá forma de atraer lo sano y seguirás reproduciendo a tu padre traicionero o a tu madre victimista. *Sostener relaciones parecidas a las de tu infancia te atrapa siempre en el mismo dolor*

El primero que debe cambiar la manera de tratarte eres tú. Qué triste haber sufrido con un padre perseguidor y descalificador y hoy ser igual.

> No hay manera de salir del círculo de dolor si eres tú quien lo reproduce. Aprende a tratarte diferente y reconcíliate contigo. No mereces reproducir el rechazo de tus padres porque ellos lo tenían dentro, producto de la relación con sus propios padres o de la ignorancia; pero ya no es tu historia y eso significa adoptar una responsabilidad.

Sostener una relación sana contigo y elegir relaciones sanas con los demás, nos permitirá completar nuestras tareas pendientes. Las tareas y los trabajos de desarrollo también son completados por las personas que nos aman en la actualidad. Las relaciones que construimos desde el respeto y el amor por el otro, esos amigos, esas personas con las que compartimos la vida, son también una oportunidad de completar las tareas. Todos podemos darnos el aprecio y el respeto que para todos es tan necesario.

Las relaciones en general reproducen el dolor de la infancia, nuevas parejas o amigos con carencias, como los padres o peor. Esto es una elección, si lo eliges diferente, eso vendrá. No temas quedarte solo. Cuando rompes con relaciones nocivas hay miedo, pero siempre vendrán mejores relaciones que sintonicen con tu elección de vivir con mejores nutrientes. Sí, nuestras relaciones también son nuestros nutrientes a nivel emocional y conste, nadie es perfecto, todos nos equivocamos y nuestras relaciones también, pero es distinta una persona que se equivoca y ofrece una disculpa, que es consciente de su error y se esfuerza por dejar de hacerlo, a alguien que se equivoca y no le importa, nunca mira su responsabilidad, incluso te hace creer que tú eres el responsable; ésa es la gran diferencia entre una persona sana y una tóxica. Ambas comenten errores, sólo que una sabe que debe cambiar y la otra nunca asume su responsabilidad.

Aunque parece difícil, cuando estás en el otro lado, créeme, no lo es tanto. Si estás hoy en el lugar de las relaciones tóxicas contigo y los demás, no temas, no pienses que es difícil, porque si te comprometes contigo, te levantarás y vas a decir: "Me siento feliz y en paz. Me siento a salvo en mí." No lo dudes y guarda esta imagen de ti y ámala para que te inspire en la batalla de todos los días contra las carencias.

Lo bello de este camino es que al elegir diferente y más sano, te sientes bien, no necesitas cambiar todo, sólo elige distinto y te sentirás bien. Así será hasta que llegues al momento en que, sin darte cuenta, tu vida cambia y despiertas con paz y alegría.

Cuarto paso: darle espacio al verdadero yo

Hemos hablado de la personalidad herida que tiene atrapado al *verdadero yo*. Pero, ¿quién es el *verdadero yo*? ¿Cómo saber cuándo expresas el *verdadero yo*? Creo que pensar que no he sido el *verdadero yo* causa duda y confusión.

El verdadero yo, expresarlo y liberarlo, no significa ser otra persona ni hacer algo por completo distinto. En realidad, expresar *el verdadero yo* tiene que ver con hacer las cosas desde la paz, la alegría, el verdadero querer; no es actuar desde la compulsiva necesidad de que me quieran o de querer controlar al otro, ni para que todos vean mi valor cuando me quieran para tener control y vean que soy valioso.

Es más como un comportamiento cabal de mi personalidad. Pudimos construir una personalidad falsa en la infancia porque necesitábamos protegernos, ser vistos o anestesiar el dolor; esta personalidad se construyó para sobrevivir y defendernos del entorno no amoroso y seguro. Tales defensas se convirtieron en tu identidad y en la forma de controlar la realidad y sentirte a salvo, pero fueron construidas desde el miedo y el dolor.

Por ejemplo, al sentirme sola y rechazada empecé a complacer a todo el mundo, a ser la niña buena y lo que todos esperaban. Con los años esa personalidad se convirtió en una identidad que cubría o impedía la posibilidad de ser yo, a veces linda, a veces enojada o rebelde, es decir, ser yo. Me condicionaba a ser siempre linda, la dulce niña que complace a todos y así quedó atrapado mi ser auténtico.

Liberar al *verdadero yo* es tener el derecho de expresarme con autenticidad, con el yo que soy. Ese yo debe ser quien es, por momentos amoroso, a veces enojado o cerrado, incapaz, feliz, afectuoso; todo lo que soy en una gama de posibilidades que refleja la existencia.

La vida no es sólo dolor o felicidad, es un abanico de experiencias y emociones que no podemos condicionar a sólo una manera de responder. Por ejemplo, aislamiento, dependencia, control, vergüenza y perfección, son opciones de cada herida, la manera automática de ver todo o filtrar la mayor parte de las cosas que vivo; eso le quita autenticidad a mi relación con el mundo.

Tampoco se trata de expresar todas tus carencias con autenticidad. No. En realidad, el *verdadero yo* es más perfecto, amoroso y libre de lo que imaginamos. Al sanar tus heridas, te sentirás a salvo para expresarte desde esa capacidad de amar. Dicen que nacemos príncipes y después el dolor y la ignorancia nos convierten en sapos. Me pregunto, ¿cómo hubieras sido de crecer rodeado de amor y seguridad? ¿Crees que tu modo de expresarte en la vida sería diferente? El amor y la seguridad dan paso a lo bello, de eso no me queda duda.

Podemos darle espacio al *verdadero yo* en la medida en que nos sentimos amados, aceptados y protegidos por nosotros; conscientes de que el afecto, el respeto y los límites que tengo conmigo y con los otros ofrecen las condiciones para que mi yo príncipe se exprese con confianza y seguridad.

Si mi entorno sigue siendo amenazador, cometemos un error al intentar expresarnos con el yo verdadero. No se trata de que expresemos el yo amoroso con todos y en todas las situaciones. Ese puede ser un juego para seguirme lastimando. No, tú debes saber cuándo necesitas tu defensa para cierta realidad y cuándo sacar tu yo verdadero en otra ocasión.

El problema es llevar la defensa para todos lados y si estoy con mi pareja y podemos construir un momento de autenticidad, no pueda porque piense que le doy armas para lastimarme, o mejor no le digo que lo amo porque después pensará que me tiene segura. ¿Te das cuenta de la diferencia?

Tenemos lo que necesitamos, hay que tomarlo para responder ante la circunstancia que lo amerita. Se trata de que tu adulto gobierne y observe qué necesitas ante la circunstancia y responda con lo mejor que tenga. Todas las defensas construidas en la personalidad herida son buenas y necesarias cuando tú las gobiernas y tu adulto está al mando; pero cuando ellas se dirigen solitas, son como un niño lleno de miedo y dolor con un escudo ante la vida. Es mejor tener a un adulto inteligente y en paz con ese escudo cuando lo necesita porque se lo puede quitar cuando es innecesario.

El *verdadero yo* necesita ser rescatado mediante actividades inspiradoras y divertidas. No todo en la vida es batalla y deber. Necesitas aprender a darte espacios para divertirte, abrir y expandir la capacidad de disfrutar. El juego, la alegría, la diversión, el baile, la risa son profundamente sanadoras y crean momentos que tienen un gran poder en tu reconciliación con la vida.

Hay que darle peso a todas las actividades que nos divierten, que nos hacen reírnos y disfrutar. ¿Sabes cómo ponerte de buenas cuando lo vida te pone de malas? ¿Sabes cómo recargar la pila cuando la cotidianidad nos devora la energía? ¿Qué tanto sabes de cómo activar al verdadero yo libre?

Los viajes que me permiten tener contacto con la naturaleza activan mi yo libre. Recuerdo un viaje a Mérida y otro a Chiapas, donde sentí una alegría inmensa, una capacidad de disfrute y agradecimiento sanadora y, de verdad, conmovedora. Qué poder sanador tan grande tienen las experiencias felices que nos ofrece la vida en un amplio abanico, en él nosotros elegimos qué tomar, porque hasta los momentos de carencia son importantes si nos mueven hacia algo mejor. No sólo se trata de buscar neuróticamente la felicidad, eso es un poco loco; a veces vivir lo dulce y extraordinario que la vida nos da, y a veces lo doloroso y lleno de carencias también nos deja grandes enseñanzas: es la realidad en que vivimos hoy y nos corresponde a todos vivirla con intensidad.

Restituir el *verdadero yo* es una oportunidad para cargar el peso de la balanza hacía lo bueno, bello y justo. El *verdadero yo* busca la belleza, eso equilibra nuestra balanza que, a final de cuentas, es la vida: equilibrar la balanza entre lo bueno y malo que hay en todo. En ti, en mí y en la vida.

"Soy la carencia de mi sombra y la luz de mis amores, eso soy, la vida fluye en mí."

180

11

Ejercicio de sanación: La integración del *verdadero yo*

Reconocer quién se expresa en tu edificio, incluso ponerle una imagen, dialogar con esa parte, conocerlo y saber lo que necesita, te dará la oportunidad de ganar control sobre él, sanar su sombra para ganar su luz. Cada piso te otorga su don cuando liberas el dolor y aprendes la lección.

Para cerrar con una experiencia sanadora la lectura de este libro, te propongo vivir este ejercicio con la mayor conciencia posible, desde todos los pisos de tu personalidad, pero sobre todo dese el sentir, el área del niño.

Dibuja en una hoja tamaño carta o en una cartulina un cuadrado dividido en cuatro niveles como si fuera un edificio, con primer piso, segundo, tercero y cuarto.

Cuarto piso. Yo adulto, yo aquí y ahora
Tercer piso. Yo adulto joven
Segundo piso. Yo adolescente, yo joven
Primer piso. Yo bebé, yo niño

A cada piso ponle un color con el que te sientas identificado. Busca una foto tuya y pégala.

Etapa 1
De cualquiera de tus primeros siete años, piensa en una imagen con la que identifiques esta etapa del yo sensorial. Busca una representativa o varias.

Etapa 2

Cuando eras un adolescente. Busca una imagen representativa de esa época.

Etapa 3

Tu etapa de inicio de la vida adulta. En tu primer trabajo, saliendo de la universidad. Coloca otra imagen tuya en este piso. Es de los quince años a los veintiuno; puedes poner otras imágenes importantes de ese tiempo, pero elige una que represente más esa etapa.

Etapa 4

De los veintidós años a la etapa actual. Piensa en experiencias, personas y situaciones que la integran. Busca la imagen del aquí y del ahora para representarla.

Dibuja los elementos, las experiencias y las personas en las que pensaste en cada piso y consideras importantes en cada etapa. Por ejemplo, si tenías un juguete preferido, un amigo, la escuela, tu boda, un embarazo, una pérdida, si te gustaba mucho algo, alguna persona o cosa. Dibuja. Tómate tu tiempo para representar esas etapas con todo lo que significan. De preferencia, etapas uno y dos con la mano izquierda, y tres y cuatro con la mano derecha, para darle más conexión con los hemisferios cerebrales correspondientes.

Ahora escribe las necesidades importantes para ti en cada etapa, lo que no tuviste, lo que te hizo falta, lo que crees importante o con lo que la identificas. La escuela, un lugar donde vivías, una persona de ese momento, alguien con quien viviste dolor, etcétera.

Puedes construir este edificio interior poco a poco, date tu tiempo, no debes terminarlo en una sentada, constrúyelo y disfrútalo. Cuando lo termines, haz este ejercicio de sanación.

Meditación sanadora

Ve a un lugar cómodo y silencioso con tu trabajo de los edificios. Si estás en el piso o en un sillón, ponlo frente a ti. Haz este ejercicio sentado con la espalda derecha para que estés más despiert@ y corras menos riesgo de dormirte.

Respira profundamente, haz tres respiraciones profundas y al exhalar observa cómo vas liberando cualquier tensión o estrés. Siente tu cuerpo. Vayamos al primer piso de tu personalidad, siente las sensaciones de tu cuerpo, concéntrate aquí y observa. Empieza por los pies, siente un hormigueo y una energía que recorre tu cuerpo hacia arriba. Así lo recorrerás, observando las sensaciones que despiertan durante el ejercicio.

Ya que dedicaste unos minutos a observar tu cuerpo y sus sensaciones, su palpitación, su hormigueo, la sensación de opresión o dolor, o cualquier otra, advierte cómo te sientes. Siempre sentimos algo; a veces paz, miedo, tristeza, alegría, armonía. Observa las emociones que se despiertan durante el ejercicio, sé un observador, permítete sentir.

Ahora que estamos conscientes del segundo piso de las emociones, aquí y ahora, vayamos al yo pienso, al tercer piso. Imaginemos el edificio interior frente a nosotros. Estamos frente a él y observamos su estructura. Hay una puerta que te permite el acceso al primer piso. Entra y observa los elementos, objetos, momentos de tu pasado, personas de esa época. En este piso hay objetos y personas muy entrañables para ti. Mira el color del lugar, observa cómo aparecen y desaparecen imágenes con las que relacionas este piso en tu conciencia. Ahora, déjate sentir, observa tu sentimiento y di en qué parte de tu cuerpo se expresa. Siente tu pecho, estómago, garganta. Observa que el adulto integrador esté activo, validando lo que pasa en este piso de las raíces de tu personalidad.

Luego observa al yo que elegiste como representante de este piso. Acércate a ti y mírate a los ojos. Todo el tiempo atento a lo que pasa en tu cuerpo y en sus emociones. Eres una pequeña o un pequeño niño, mírate a los ojos y toma tu mano, preséntate y di que eres el yo del futuro y en lo que se va a convertir. Dile que estás aquí para darle las gracias por todo lo que tuvo que pasar, por su valentía, porque en muchos momentos libró la soledad. Dale gracias por las decisiones que tomó, que permitieron ir hacia adelante, que te sientes sumamente agradecido y comprometido con redimir ese dolor y llenar sus necesidades.

Abraza a ese pequeño tú y fúndete en ese abrazo. Dile que comprendes que muchas veces lo abandonas porque no has sabido escucharlo o darle lo que necesita. Pregúntale qué necesita de ti y escúchalo, pon atención y siente, no pienses, sólo siente y la respuesta llegará.

Dale las gracias por esta valiosa información y haz un compromiso de satisfacer lo que necesita. Dile que te ganarás su confianza y no permitirás que siga con carencias, que hoy tú eres su nuevo padre, aprenderás en un camino amoroso a conocerlo y darle lo que tanto le faltó. Ahora, pídele que te ayude, que confíe en ti y te apoye para a salir de los patrones dolorosos vividos hasta ahora.

Prométele que poco a poco le mostrarás una manera mejor de vivir y no permitirás que nadie lo vuelva a lastimar. Despídete diciéndole lo valioso, bueno y profundamente importante que es hoy para ti. Observa que en el fondo de este lugar hay una escalera que te llevará al siguiente piso. Antes de subir observa cómo te sientes, vuelve a validar tus sensaciones y tus emociones. Sólo observa, respira y sube las escaleras al siguiente piso.

Hay una puerta frente a ti, sabes que detrás hay otra etapa de tu vida, muy distinta, con personas y experiencias muy diferentes. Respira y ábrela. Observa, pasan imágenes de personas, cosas y experiencias que marcaron esta etapa de tu vida. Deja que fluyan y observa cómo te sientes en este piso, el dos. Date unos minutos para sentir esta parte de tu historia y lo que ves en ella.

Ahora observa qué emoción está más presente en este piso y, sobre todo, qué sensación despierta en tu cuerpo: dolor en el estómago o en alguna parte de tu cuerpo; hormigueo, presión en el pecho, es importante detectarlo. Ahora, ve al fondo, de pronto aparece el tú que elegiste como representativo del piso dos, el adolescente.

Ponte frente a él y dile quién eres, dale las gracias y menciónale todas las cosas que sabes que él siente, lo que necesita y lo que le agradeces. Dile lo que pasa en ese momento; que te sientes orgulloso y valoras mucho todo lo que hace y que gracias a lo que eligió, hoy están bien. Pregúntale qué necesita de ti. Y escucha, con tu oído intuitivo, al tú de esa etapa y sabrás con claridad qué necesita de ti.

Abrázalo y abrázate aquí y ahora, siente una integración de tu yo joven y siente que necesita de tu guía y validación. Ahora, guarda lo aprendido en tu interior, siente este encuentro vivo y respira profundo hacia la escalera que te llevará al siguiente piso.

Sube poco a poco la siguiente escalera, consciente de que detrás de la puerta habrá una experiencia muy distinta, imágenes diferentes, una vida nueva, la del adulto. Entra al tercer piso y observa a personas, imágenes y experiencias que marcaron esta etapa de tu vida. Observas imágenes y gente a la manera de una película, incluso diferentes de tus años que conforman esta etapa, de los quince a los ventiuno. Quédate observando los aprendizajes, las experiencias y los retos de este momento. Observa cómo te sientes, nuevamente centra tu atención en tus sensaciones físicas, siempre cambian, cada etapa nos manda información diferente, emociones distintas, observa las imágenes y personas, y quédate contigo unos minutos más integrando esta etapa tres.

Ahora encuéntrate con el yo que elegiste como representante de este piso. Obsérvate, ve tu rostro, tu modo de vestir y acércate a tu adulto joven. Mira la diferencia de estar frente a él y frente al niño, este tú es diferente. Míralo a los ojos y dile quién eres, nuevamente dale las gracias por sus elecciones y reconoce todo lo que hizo bien, todo lo que vivió y las experiencias significativas que le enseñaron cosas importantes y que tú y él conocen perfectamente. Abrázalo, dile que van por un camino de sanación y recuperación de los valores que perdieron, que lo necesitas para el cambio y su presencia es fundamental para entender y comprender las cosas que requieres y aprendes. Este tú te permite entender e integrar información importante, es el que te lleva a comprender lo que pasa y su ayuda es fundamental.

Ahora pregúntale qué necesita de ti, cómo podrías apoyarlo y cuáles son sus necesidades. Observa si son distintas o del mismo tipo que en los pisos anteriores. Escucha tu necesidad y dale las gracias por este encuentro. Dile que aprenderás a cubrir esas necesidades y comprométete con él en este momento.

Después dirígete a las escaleras del último piso, el cuarto, y date unos segundos para hacer conciencia de lo que verás. Desde aquí todo es distinto, es el presente, verás personas y experiencias actuales al abrir esta última puerta. Todo el tiempo observa cómo te sientes y vigila tu respiración. Ahora abre la puerta del último piso, nuevamente aparecen imágenes, personas y experiencias de tu momento actual. Puedes ver momentos de los años anteriores, de los veintidós hasta hoy. Observa los acontecimientos que te llevaron a ser un adulto consciente o maduro. Mira cómo es estar en este piso más entero, más poderoso, más hecho. Siente aprecio por el adulto maduro que eres hoy y observa el poder de tu conciencia. Ahora, pon frente a ti a los tres yos de los pisos uno, dos y tres, frente al yo del aquí y el ahora.

Haz un círculo tomados de la mano y quédate unos segundos mirando cómo todos son uno, mirando cómo todo lo vivido tiene un sentido, observa lo que te ha llevado a ser quien eres. Siente amor y reconciliación contigo. En silencio, mira tus etapas y las imágenes importantes de ella, da las gracias por los aprendizajes y las decisiones tomadas.

> Ahora siente cómo aparece una bellísima luz dorada que los cubre a todos, empieza por el niño que fuiste y pasa a través de su pecho, su garganta, su cabeza y todo su cuerpo sanado y lleno de vitalidad; después esa luz toca a tu joven yo, lo baña con luz dorada de sanación y purificación, después a tu adulto joven y finaliza contigo.

Siguen en círculo sintiendo que esa luz recorre todas las etapas, llevando sanación, amor, aprendizaje e integración. Quédate unos minutos más y observa cómo te sientes, cómo percibes que esa luz invade tu pecho de manera expansiva. Respira profundamente y repite frente a ellos el decreto siguiente:

Decreto de sanación de las heridas de la infancia

Hoy elijo honrar mi historia y aceptarla como es,
me doy gracias por todas las elecciones tomadas
que me permitieron salir de momentos dolorosos
dejándome herramientas y lecciones
que hoy reconozco y aprecio.
Honro en mi niñ@ su nobleza y su inocencia.
Honro en mi adolescente su rebeldía y su fuerza.
Honro en mi adult@ joven su sano entendimiento.
Honro a quien soy hoy
fruto de tod@s l@s yo que están en mi historia
y que hoy honro, reconozco y sano.
Honro mi dolor y elijo aprender de él,
respeto mis errores, conozco mis heridas y me comprometo
a que esas heridas no me lastimen ni lastimen a los que amo.
Hoy suelto a mis padres y entiendo que lo que no me dieron
no lo tenían, no estaba en ellos darlo.
Cancelo las facturas de afecto que sentí que mis padres y la vida
debían pagar, hoy sé que puedo recibir amor en libertad
y empieza en la relación conmigo.
Me amo, me acepto, respeto mis necesidades y mis carencias,
respeto mi ritmo y perdono mis errores producto
de mi ignorancia y mi incapacidad para dirigirme con amor.
Camino con paciencia hacia la conquista de mí,
sin pelear y sin rechazo, siempre de la mano conmigo.

ANAMAR ORIHUELA

Transforma las heridas de tu infancia de Anamar Orihuela
se terminó de imprimir en el mes de enero de 2024
en los talleres de
Grafimex Impresores S.A. de C.V.
Av. de las Torres No. 256 Valle de San Lorenzo
Iztapalapa, C.P. 09970, CDMX,